Come prepararsi all'esame del

Certificato di Conoscenza della Lingua Italiana > **livello B1**
Italiano generale

rilasciato dall'Università per Stranieri di Perugia

Livello intermedio **B1**

I edizione
© Copyright 2006
Guerra Edizioni - Perugia

ISBN 88-7715-881-6

Gli Autori e l'Editore sono
a disposizione degli aventi
diritto con i quali non è stato
possibile comunicare nonché
per involontarie omissioni o
inesattezze nella citazione delle
fonti dei brani o immagini
riprodotte nel presente volume.

Guerra Edizioni
via Aldo Manna 25 - Perugia (Italia)
tel. +39 075 5289090
fax +39 075 5288244
e-mail: geinfo@guerraedizioni.com
www.guerraedizioni.com

Progetto grafico
salt & pepper_perugia

Daniela Alessandroni - M. Valentina Marasco - Tiziana Melani - Roberta Rondoni

Come prepararsi all'esame del

CELI 2

Certificato di Conoscenza della Lingua Italiana > **livello B1**
Italiano generale

rilasciato dall'Università per Stranieri di Perugia

Livello intermedio **B1**

Guerra Edizioni

indice

Il presente libro fa parte di una collana composta da 5 volumi destinati alla preparazione a 5 livelli d'esame della Certificazione CELI. Questo volume relativo alla preparazione all'esame CELI 2 *B1* va così ripartito:

la prima Unità di esercitazione, da pagina 21 a pagina 56, è stata curata dalla dott.ssa Daniela Alessandroni;
la seconda Unità di esercitazione, da pagina 57 a pagina 90, è stata curata dalla dott.ssa Roberta Rondoni;
la terza Unità di esercitazione, da pagina 91 a pagina 124, è stata curata dalla dott.ssa Maria Valentina Marasco;
la quarta Unità di esercitazione, da pagina 125 a pagina 158, è stata curata dalla dott.ssa Tiziana Melani.

Le autrici hanno lavorato in comune alla progettazione e all'impostazione generale del libro

Le autrici ringraziano la Prof.ssa Giuliana Grego Bolli per i consigli e i suggerimenti dati nel corso della preparazione del presente volume.

Prefazione

COSA SONO I CELI (Certificati di Conoscenza della Lingua Italiana)

L'Università per Stranieri di Perugia rilascia, a seguito di esami che si svolgono in Italia e all'estero, dei Certificati di Conoscenza dell'Italiano generale articolati in 6 livelli:

CELI *IMPATTO*
(Certificato di Conoscenza della Lingua Italiana LIVELLO contatto)
CELI 1
(Certificato di Conoscenza della Lingua Italiana LIVELLO 1)
CELI 2
(Certificato di Conoscenza della Lingua Italiana LIVELLO 2)
CELI 3
(Certificato di Conoscenza della Lingua Italiana LIVELLO 3)
CELI 4
(Certificato di Conoscenza della Lingua Italiana LIVELLO 4)
CELI 5
(Certificato di Conoscenza della Lingua Italiana LIVELLO 5)

Tali livelli si collocano all'interno del Quadro di Riferimento dell'ALTE (*Association of Language Testers in Europe*) di cui l'Università per Stranieri di Perugia è uno dei soci fondatori. L'ALTE, fondata nel 1990, comprende 28 Istituzioni in rappresentanza di 24 lingue parlate in Europa. Tali Istituzioni, fra le più importanti nel settore della verifica e valutazione della conoscenza delle L2, si occupano della elaborazione e produzione di certificati.

Il Quadro di Riferimento dell'ALTE comprende 6 livelli di competenza linguistica rapportabili ai livelli del *Common European Framework of Reference for Languages: Learning, teaching, assessment* del Consiglio d'Europa, tradotto anche in italiano con il titolo QUADRO COMUNE EUROPEO DI RIFERIMENTO PER LE LINGUE: APPRENDIMENTO, INSEGNAMENTO, VALUTAZIONE. Ciò consente un confronto trasversale fra i livelli d'esame di numerose lingue europee, ovvero consente di individuare rapidamente quali esami risultino allo stesso livello e a quale livello si collochi il possessore di un determinato certificato rispetto ad una scala di competenze internazionalmente riconosciuta.

Il legame tra i livelli d'esame CELI, i livelli dell'ALTE e i livelli del *Common European Framework* è sintetizzato nello schema seguente:

LIVELLI DEL CONSIGLIO D'EUROPA		LIVELLI ALTE	LIVELLI CELI
LIVELLO AVANZATO	C2 padronanza	ALTE – LIVELLO 5	CELI 5
	C1 efficacia	ALTE – LIVELLO 4	CELI 4
LIVELLO INTERMEDIO	B2 **progresso**	ALTE – LIVELLO 3	CELI 3
	B1 soglia	**ALTE – LIVELLO 2**	**CELI 2**
LIVELLO ELEMENTARE	A2 sopravvivenza	ALTE – LIVELLO 1	CELI 1
	A1 contatto	ALTE – LIVELLO CONTATTO	CELI *IMPATTO*

Esami inseriti nel Quadro di Riferimento dell'ALTE

Lingue	A1 ALTE BREAKTHROUGH	A2 ALTE LIVELLO1	B1 ALTE LIVELLO 2	B2 ALTE LIVELLO 3	C1 ALTE LIVELLO 4	C2 ALTE LIVELLO 5
Catalano		Certificat de nivell bàsic de català	Certificat de nivell elemental de català	Certificat de nivell intermedi de català	Certificat de nivell suficiència de català	Certificat de nivell superior de català
Danese		Prøve i Dansk 1	Prøve i Dansk 2	Prøve i Dansk 3	Studieprøven	-
Tedesco	Start Deutsch 1	Start Deutsch 2	Zertificat Deutsch (DZ)	-	Zentrale Mittelstufenprüfung (ZMP)	Zentrale Oberstufenprüfung (ZOP) Kleines Deutsches Sprachdiplom (KDS)
Inglese		Key English Test (KET)	Preliminary English Test (PET)	First Certificate in English (FCE)	Certificate in Advanced English (CAE)	Certificate of Proficiency in English(CPE)
Spagnolo		-	Diploma de Español (Nivel Inicial)	Diploma de Español (Nivel Intermedio)	-	Diploma de Español (Nivel Superior)
Euskara		-	-	-	Euskararen Gaitasun Agiria (EGA)	-
Francese		Certificat d'Etudes de Français Pratique 1 (CEFP1)	Certificat d'Etudes de Français Pratique 2 (CEFP2)	Diplôme de Langue Française (DL)	Diplôme Supérieur d'Etudes Françaises Modernes (DS)	Diplôme de Hautes Etudes Françaises (DHEF)
Greco		-	Βεβαίωση Ελληνομάθειας: Επίπεδο Βασικό Veveosi Elinomathias: Epipedo Vasiko	Βεβαίωση Ελληνομάθειας: Επίπεδο Βασικό Veveosi Elinomathias: Epipedo Eparkias	-	-
Italiano	Certificato di Conoscenza della Lingua Italiana, Livello contatto (CELI *Impatto*)	Certificato di Conoscenza della Lingua Italiana, Livello 1 (CELI 1)	Certificato di Conoscenza della Lingua Italiana, Livello 2 (CELI 2)	Certificato di Conoscenza della Lingua Italiana, Livello 3 (CELI 3)	Certificato di Conoscenza della Lingua Italiana, Livello 4 (CELI 4)	Certificato di Conoscenza della Lingua Italiana, Livello 5 (CELI 5)
Lussemburghese		Zertifikat Lëtzebuergesch als Friemsprooch (ZLaf)	Éischten Diplom Lëtzebuergesch als Friemsprooch (1DLaF)	Zweten Diplom Lëtzebuergesch als Friemsprooch (2DLaF)	-	Ieweschten Diplom Lëtzebuergesch (IDL)
Olandese		Profiel Toeristische en Informele Taalvaardigheid (PTIT); (CNaVT)	Profiel Maatschappelijke Taalvaardigheid (PMT); (CNaVT)	Staatsexamen Nederlands als Tweede Taal, Examen I (NT2-I); (CITO) Profiel Professionele Taalvaardigheid (PPT); (CNaVT)	Staatsexamen Nederlands als Tweede Taal, Examen II (NT2-II); (CITO) Profiel Academische Taalvaardigheid (PAT); (CNaVT)	-
Norvegese		-	Språkprøven i norsk for voksne innvandrere Høyere nivå	-	Test i norsk for fremmedspråklige høyere nivå	-
Portoghese		Certificado Inicial de Português Língua Estrangeira (CIPLE)	Diploma Elementar de Português Língua Estrangeira (DEPLE)	Diploma Intermédio de Português Língua Estrangeira (DIPLE)	Diploma Avançado de Português Língua Estrangeira (DAPLE)	Diploma Univeritário de Português Língua Estrangeira (DUPLE)
Suomi		Suomen kieli, perustaso 1	Suomen kieli, perustaso 2-3, keskitaso 3	Suomen kieli, keskitaso 4-5, ylin taso 5	Suomen kieli, ylin taso 6	Suomen kieli, ylin taso 7-8
Svedese		-	Sfi-provet	-	Test in Swedish for University Studies (TISUS)	-

All'interno del Quadro di Riferimento dell'ALTE è in corso l'inserimento di esami prodotti da altri membri e affiliati dell'ALTE:

Estone
Eesti keele algtaseme test
Eesti keele kesktaseme test
Eesti keele kõrgtaseme

Francese
Diplôme d'Etudes en Langue Française DELF / A1

Diplôme d'Etudes en Langue Française DELF / A2

Diplôme d'Etudes en Langue Française DELF / B1

Diplôme d'Etudes en Langue Française DELF / B2

Diplôme Approfondi de Langue Française DALF / C1

Diplôme Approfondi de Langue Française DALF / C2

Gallese
Defnyddio'r Gymraeg
Defnyddio'r Gymraeg-Uwch

Lettone
Latvian Language Test for Applicants for Latvian Citizenship (LLTALC)

Lituano
Praktines lietuviu kalbos egzaminas
Valstybines lietuviu kalbos egzaminas

Polacco
Poziom podstawowy - PL-B1
Poziom sredni ogólny - PL-B2
Poziom zaawansowany - PL-C2

Russo
TORFL-1
(Test of Russian as Foreign Language)
TORFL-2 (Advanced)
TORFL-3 (Proficiency)

Sloveno
Izpit iz znanja slovenscine na osnovni ravni
Izpit iz znanja slovenscine na srednji ravni
Izpit iz znanja slovenscine na visoki ravni

Ungherese
Belépö szint
Alapfok
Középfok
Felsöfok

I LIVELLI DEL FRAMEWORK E LE INDICAZIONI DI CAPACITÀ/*SAPER FARE*

I 6 livelli di competenza linguistica sono descritti attraverso una serie di Indicazioni di capacità/*saper fare* che descrivono ciò che chi usa una lingua è in grado di fare ad un determinato livello, in ciascuna delle 4 abilità linguistiche di base, Ascolto/Produzione orale, Produzione scritta, Lettura, in una serie di contesti e ambiti diversi.

Qui di seguito viene riportata una tabella che riassume le capacità complessive.

Le Indicazioni di capacità insieme alla descrizione dei livelli rappresentano un aiuto indispensabile per orientare coloro i quali vogliano conseguire uno dei certificati CELI.

Livelli	Ascolto/Produzione orale	Lettura	Produzione scritta
C2 ALTE 5 CELI 5	È IN GRADO DI dare consigli o parlare di argomenti complessi o delicati, comprendere discussioni informali e trattare con sicurezza argomenti problematici.	È IN GRADO DI comprendere documenti, corrispondenza, relazioni nonché le sfumature di significato relative a testi complessi.	È IN GRADO DI scrivere lettere su qualsiasi argomento e prendere appunti esaurienti durante riunioni o seminari, con accuratezza e buona capacità espressiva.
C1 ALTE 4 CELI 4	È IN GRADO DI prendere parte attivamente a riunioni e seminari che riguardano il proprio settore di lavoro o partecipare ad una conversazione informale con un buon grado di scioltezza anche di fronte ad espressioni astratte.	È IN GRADO DI leggere velocemente quanto basta per seguire un corso universitario; leggere informazioni su giornali e quotidiani o capire corrispondenza non standard.	È IN GRADO DI preparare una prima bozza di lettere di lavoro, prendere appunti accurati durante riunioni o scrivere un breve saggio che dimostri abilità a comunicare.
B2 ALTE 3 CELI 3	È IN GRADO DI seguire o fare un discorso su un argomento familiare o sostenere una conversazione su una vasta gamma di argomenti.	È IN GRADO DI leggere velocemente un testo per ricercare informazioni rilevanti e capire istruzioni dettagliate o consigli.	È IN GRADO DI prendere appunti mentre una persona parla o di scrivere una lettera che comprenda richieste anche non standard.
B1 ALTE 2 CELI 2	È IN GRADO DI esprimere in modo limitato opinioni su argomenti culturali/astratti o dare consigli relativi ad un settore familiare e comprendere istruzioni o annunci pubblici.	È IN GRADO DI comprendere articoli informativi di routine nonché il significato generale di informazioni anche non di routine riferite ad un settore familiare.	È IN GRADO DI scrivere lettere o prendere appunti su argomenti familiari o prevedibili.
A2 ALTE 1 CELI 1	È IN GRADO DI esprimere opinioni o richieste in modo semplice in un contesto familiare.	È IN GRADO DI comprendere informazioni semplici relative a settori conosciuti, ad esempio, prodotti di consumo, segnali, libri di testo o resoconti su soggetti familiari.	È IN GRADO DI completare moduli e scrivere semplici lettere o cartoline con informazioni personali.
A1 ALTE Contatto	È IN GRADO DI capire istruzioni essenziali o partecipare a conversazioni fattuali su argomenti prevedibili.	È IN GRADO DI capire notizie, istruzioni o informazioni essenziali.	È IN GRADO DI compilare moduli semplici e scrivere appunti che riguardino orari, date e luoghi.

Introduzione al libro

A CHI SI RIVOLGE?

Questo libro si rivolge a tutti coloro che vogliano prepararsi a sostenere l'esame per il conseguimento del CELI 2 (Certificato di Conoscenza di Lingua Italiana), livello *B1*.

Viene riportata qui di seguito la descrizione prototipica dell'utente di livello *B1* tratta dalla scala globale dei livelli del QUADRO COMUNE EUROPEO DI RIFERIMENTO PER LE LINGUE: APPRENDIMENTO, INSEGNAMENTO, VALUTAZIONE del Consiglio d'Europa[1]:

B1 – Livello Intermedio	È in grado di comprendere i punti essenziali di messaggi chiari in lingua standard su argomenti familiari che affronta normalmente al lavoro, a scuola, nel tempo libero ecc. Se la cava in molte situazioni che si possono presentare viaggiando in una regione dove si parla la lingua in questione. Sa produrre testi semplici e coerenti su argomenti che gli siano familiari o siano di suo interesse. È in grado di descrivere esperienze e avvenimenti, sogni, speranze, ambizioni, di esporre brevemente ragioni e dare spiegazioni su opinioni e progetti.

CELI 2 *B1* - DESCRIZIONE DELLE ABILITÀ/COMPETENZE SPECIFICHE RICHIESTE AI CANDIDATI NELLE SINGOLE PROVE[2].

Prova di Comprensione della Lettura

Il candidato deve essere in grado di comprendere vari ma brevi testi scritti quali avvisi pubblici, messaggi promozionali, inserzioni, storie a fumetti, questionari, formulari o moduli, notizie, annunci, semplici istruzioni per l'uso di farmaci, menu di ristoranti, istruzioni per l'uso di piccoli e grandi elettrodomestici e macchinari di uso quotidiano, istruzioni per la preparazione di cibi, bollette, orari e avvisi di pagamento.

Tali testi devono essere lessicalmente non tecnici e con struttura di tipo coordinativo e subordinativo più ricorrente.

I testi potranno contenere parole comprese nel vocabolario di base[3] e una minima percentuale di parole del lessico comune non compreso nel vocabolario di base.

Il candidato deve essere in grado di coglierne il messaggio fondamentale e di trarne informazioni specifiche.

Deve essere inoltre in grado di comprendere la funzione semantica e grammaticale delle parole, completando (con un solo elemento) brevi frasi e testi.

Dovrà a tal fine possedere un'adeguata, anche se elementare, padronanza della morfologia non verbale (pronomi combinati, particelle pronominali *ci* e *ne*; concordanza del participio passato; pronomi relativi, indefiniti, pronomi 'doppi'; numerali; gradi dell'aggettivo; formazione degli avverbi; interiezioni; congiunzioni coordinative e subordinative d'uso più ricorrente; preposizioni semplici e articolate nei rapporti sintattici più ricorrenti)

---

1   *Quadro comune europeo di riferimento per le lingue: apprendimento, insegnamento, valutazione*, cap. 3, p. 32

2   Le descrizioni delle competenze specifiche sono tratte da *La verifica delle competenze linguistiche - Misurare e valutare nella certificazione CELI*, a cura di G. Greco Bolli e M. G. Spiti, pp. 129-131

3   T. De Mauro, 1989 (Prima edizione), *Guida all'uso delle parole*, Roma, Editori Riuniti: pp. 151-183

Prova di Produzione di Testi Scritti

Il candidato deve essere in grado di compilare formulari, moduli o questionari di uso ricorrente, di scrivere lettere a parenti ed amici, brevi cronache (intorno alle 100 parole), cartoline, biglietti informali, messaggi, semplici annunci ed inserzioni (intorno alle 50 parole), inseriti in contesti di vita quotidiana, riferiti ad eventi ricorrenti, finalizzati ad esprimere funzioni ricorrenti nella vita quotidiana anche interpersonale. L'uso della lingua deve essere in larga misura prevedibile.

A tale scopo deve avere una sufficiente conoscenza del vocabolario fondamentale.

Il candidato deve inoltre poter narrare al presente, al passato e al futuro, dimostrando di sapersi orientare nell'uso dei tempi presente, passato prossimo, futuro semplice del modo indicativo, nonché dell'imperfetto descrittivo ed iterativo. Deve inoltre saper ricorrere all'uso del condizionale presente come modo per esprimere richieste, bisogni, desideri in forma cortese; e deve saper usare il modo imperativo del verbo anche nelle forma di cortesia.

Dovrà inoltre mostrar di sapere costruire frasi complesse del tipo coordinativo e subordinativo più ricorrente (con relativa correlazione dei tempi.).

Prova di Comprensione dell'Ascolto

Il candidato deve essere in grado di comprendere il messaggio essenziale di vari testi (intorno ai 12) del tipo parlato-letto in trascrizione (all'incirca tra le 700 e le 800 parole complessive) ad una o due voci con pronuncia il più possibile vicina a quella dell'italiano standard e con una velocità d'eloquio media.

I testi possono essere annunci, messaggi di segreterie telefoniche, rapide battute di dialogo, brevi notizie, semplici informazioni pubblicitarie, brevi e semplici conversazioni telefoniche e faccia a faccia, brevi monologhi.

Il 'corpus' lessicale contenuto nei testi corrisponde a quello indicato per la prova di comprensione della lettura.

La durata complessiva dell'ascolto è approssimativamente di 18 minuti.

Prova di Produzione Orale

La prova è costituita da una conversazione faccia a faccia tra il candidato e uno dei componenti della commissione.

Nella fase iniziale della prova il candidato, sollecitato dall'esaminatore, deve parlare brevemente, ma in modo semplice e corretto di sé; nonché fornire descrizioni della sua famiglia, della sua città, della sua abitazione, della sua attività dei suoi hobby.

Deve quindi essere in grado di interagire in una situazione comunicativa di notevole ricorrenza ed utilità quotidiana, dimostrando di comprendere domande e fornendo risposte appropriate.

Il candidato deve infine descrivere nei tratti essenziali foto, immagini, illustrazioni, ed esprimere semplici valutazioni su di esse. Il repertorio lessicale a disposizione del candidato deve essere equivalente a quello indicato per la produzione di testi scritti.

Per un approfondimento specifico relativo agli esami CELI rimandiamo al volume **La verifica delle competenze linguistiche – Misurare e valutare nella certificazione CELI**, a cura di G. Grego Bolli e M.G. Spiti.

Per approfondimenti relativi alla descrizione dei livelli e delle capacità rimandiamo al **Quadro comune europeo di riferimento per le lingue: apprendimento, insegnamento, valutazione** del Consiglio d'Europa. In particolare rimandiamo, per le scale di descrittori del livello *B1*, al capitolo 4 pp. 72-119 e al cap. 5 pp. 134-159.

Per ulteriori informazioni: **www.unistrapg.cvcl.it**

COME È STRUTTURATO IL LIBRO?

Le autrici propongono 4 Unità di esercitazioni pratiche ciascuna delle quali ripropone le prove d'esame per il conseguimento del CELI 2 *B1* nei generi testuali, nei formati e nelle procedure proposti negli esami effettivi.
Ogni Unità di esercitazione è composta da 4 prove così suddivise:

PROVA SCRITTA	Prova di Comprensione della Lettura	(Parte A)	1° fascicolo d'esame
	Prova di Produzione di Testi Scritti	(Parte B)	
	Prova di Comprensione dell'Ascolto	(Parte C)	2° fascicolo d'esame
PROVA ORALE	Prova di Produzione Orale	(Parte D)	

Manca una prova specifica di competenza linguistica. La verifica della competenza grammaticale viene fatta attraverso le prove di produzione e di comprensione di testi scritti.

Inoltre, ogni Unità di esercitazione contiene:

- **Fogli delle Risposte**
- **Chiavi**
- **Trascrizione dei testi registrati** per la prova di Comprensione dell'Ascolto

Alla fine del volume viene presentato del materiale integrativo per la preparazione alla Prova di Produzione Orale (Parte D), ovvero foto e compiti comunicativi con i quali i candidati possono ulteriormente esercitarsi.

Il volume è corredato da un CD audio contenente i testi per la Prova di Comprensione dell'Ascolto (Parte C)

DESCRIZIONE DELLE PROVE D'ESAME DEL CELI 2 *B1*

1° FASCICOLO: PARTE A e PARTE B Tempo a disposizione: 2 ore		
PARTE A **Prova di Comprensione della Lettura**	*La prova è costituita da:*	
	A.1	sette brevi testi con 7 item a scelta multipla a tre opzioni
	A.2	un testo con 10 abbinamenti a scelta binaria
	A.3	cinque completamenti a scelta multipla a quattro opzioni
	A.4	un testo con 10 completamenti a scelta multipla a tre opzioni
	A.5	cinque completamenti
PARTE B **Prova di Produzione di Testi Scritti**	*La prova è costituita da:*	
	B.1	completamento di un modulo (questionario o formulario) su temi ed argomenti di interesse generale
	B.2	scrivere o rispondere a un breve annuncio su un argomento dato di vita quotidiana (circa 50 parole)
	B.3	scrivere una breve lettera, seguendo una traccia data, riferita ad un evento ricorrente (dalle 90 alle 100 parole)
2° FASCICOLO: PARTE C Tempo a disposizione: 20 minuti		
PARTE C **Prova di Comprensione dell'Ascolto**	*La prova è costituita da:*	
	C.1	quattro brevi messaggi o notizie con quattro item a scelta multipla a tre opzioni
	C.2	quattro brevi messaggi o notizie con quattro item a scelta multipla a tre opzioni
	C.3	due testi con, complessivamente, 25 abbinamenti a scelta binaria
PARTE D Durata della conversazione: circa 15 minuti		
PARTE D **Prova di Produzione Orale**	La prova consiste in: - un'intervista/conversazione tra il candidato e gli esaminatori su argomenti di interesse personale senza preventiva preparazione - una foto da descrivere - una foto data come spunto per lo sviluppo una role *play situation* Il materiale viene consegnato al candidato circa 10 minuti prima dell'inizio della prova.	

CRITERI DI VALUTAZIONE E PUNTEGGI DEL CELI 2 *B1*

Vengono riportati qui di seguito i punteggi per ognuna delle prove da cui è costituito il CELI 2 *B1*[4].

La **Prova Scritta** viene corretta presso il Centro per la Valutazione e la Certificazione Linguistica dell'Università per Stranieri di Perugia secondo criteri e scale di misurazione a ciò predisposti.

La **Prova Orale** viene valutata presso i Centri d'esame in Italia e nel mondo da esaminatori a ciò preparati che, nell'assegnare i punteggi, devono far riferimento a criteri e scale di misurazione predisposti dal Centro per la Valutazione e la Certificazione Linguistica dell'Università per Stranieri di Perugia.

1° FASCICOLO: PARTE A e PARTE B				
Prova		**Criteri e punteggi**	**Punteggio complessivo della prova**	**Rilevanza della prova**
PARTE A **Prova di** **Comprensione** **della Lettura**	**A.1**	2 punti per ogni risposta corretta 1 punto in meno per ogni risposta errata 0 punti per l'astensione	**Il punteggio ottenuto viene riportato su un punteggio complessivo di 40 punti**	25%
	A.2	1 punto per ogni risposta corretta 1 punto in meno per ogni risposta errata 0 punti per l'astensione		
	A.3	1 punti per ogni risposta corretta 1 punti in meno per ogni risposta errata 0 punto per l'astensione		
	A.4	1 punti per ogni risposta corretta 1 punti in meno per ogni risposta errata 0 punto per l'astensione		
	A.5	1 punto per ogni completamento corretto 0 punti per l'astensione o per ogni completamento errato		
PARTE B **Prova di** **Produzione** **scritta**	**B.1**	Da 0 a 5 punti (1/2 punto per ogni risposta completa e ben formulata)	40 punti	25%
	B.2	Da 0 a 15 punti assegnati sguendo le quattro scale di competenze: *competenza lessicale (scala da 0 a 3)* *competenza morfologica e sintattica (scala da 0 a 3)* *competenza socioculturale (scala da 0 a 5)* *coerenza (scala da 1 a 4)* Vedi di seguito scale di competenze e punteggi		
	B.3	Da 0 a 20 punti assegnati seguendo le quattro scale di competenze: *competenza lessicale (scala da 1 a 5)* *competenza morfologica e sintattica (scala da 1 a 5)* *competenza socioculturale (scala da 0 a 5)* *coerenza (scala da 0 a 5)* Vedi di seguito scale di competenze e punteggi		

4   Per un quadro più dettagliato dei criteri di valutazione e dell'attribuzione dei punteggi si rimanda al volume *La verifica delle competenze linguistiche - Misurare e valutare nella certificazione CELI*, a cura di G. Grego Bolli e M. G. Spiti, pp. 295-297.

2° FASCICOLO: PARTE C				
PARTE C **Prova di** **Comprensione** **dell'Ascolto**	**C.1**	2 punti per ogni risposta corretta 1 punto in meno per ogni risposta errata 0 punti per l'astensione	**Il punteggio** **ottenuto viene** **riportato su un** **punteggio** **complessivo di** **40 punti**	**25%**
	C.2	2 punti per ogni risposta corretta 1 punto in meno per ogni risposta errata 0 punti per l'astensione		
	C.3	1 punto per ogni risposta corretta 1 punto in meno per ogni risposta errata 0 punti per l'astensione		

PARTE D: Prova di Produzione Orale		
PARTE D **Prova di** **Produzione** **Orale**	Da 0 a 20 punti assegnati seguendo le quattro scale di competenze: *competenza lessicale (scala da 1 a 5)* *competenza morfologica e sintattica (scala da 1 a 5)* *competenza socioculturale (scala da 1 a 5)* *pronuncia e intonazione (scala da 1 a 5)* <u>Vedi di seguito scale di competenze e punteggi</u>	**Il punteggio** **ottenuto viene** **moltiplicato per 2.** **Punteggio** **complessivo =** **40 punti**	**25%**

Punteggio della Prova Scritta	**120**	**punti**
Punteggio della Prova Orale	**40**	**punti**
Punteggio complessivo	**160**	**punti**

Per superare l'esame del CELI 2 *B1* è necessario ottenere un minimo di
72 punti nella Prova Scritta
22 punti nella Prova Orale

ESPRESSIONE DEL RISULTATO

Il risultato finale si ottiene sommando il punteggio della Prova Scritta al punteggio della Prova Orale e viene espresso secondo una scala che prevede 5 gradi: 3 positivi e 2 negativi.
Ogni grado viene indicato con una lettera dell'alfabeto e corrisponde ad una banda di punteggi[5].

Punteggio compreso tra	138	e	160	punti	A = ottimo
Punteggio compreso tra	115	e	137	punti	B = buono
Punteggio compreso tra	94	e	114	punti	C = sufficiente
Punteggio compreso tra	60	e	93	punti	D = insufficiente
Punteggio compreso tra	0	e	59	punti	E = gravemente insufficiente

SISTEMA DI CAPITALIZZAZIONE

I candidati che non abbiano superato la Prova Scritta (PARTE A B C) e che abbiano invece superato la Prova Orale (PARTE D) o viceversa, **possono capitalizzare per un anno (due sessioni d'esame) il risultato parziale ottenuto**, sottoponendosi di nuovo alla prova risultata insufficiente nel suddetto arco di tempo.

---

5 Per un quadro più dettagliato dell'espressione del risultato si rimanda al volume *La verifica delle competenze linguistiche - Misurare e valutare nella certificazione CELI*, a cura di G. Grego Bolli e M. G. Spiti, p. 297

SCALE DI COMPETENZE PER LA PRODUZIONE DI TESTI SCRITTI (PARTE B) DEL CELI 2 *B1*[6].

COMPETENZA LESSICALE

Si attribuisce il punteggio di		a un compito che presenta un vocabolario
3 punti	5 punti	sempre totalmente adeguato alla situazione. Sono ammessi 2 errori ortografici
2 punti	4 punti	talvolta inadeguato alla situazione e con 2 errori ortografici
1 punto	3 punti	scarso con frequenti ripetizioni, talvolta inadeguato (3 errori) e con 3 errori ortografici
0 punti	2 punti	spesso inadeguato, con 4-5 errori ortografici
0 punti	1 punto	spesso inadeguato e con errori che rendono incomprensibile una o più di parti del testo
nella prova B.2	*nella prova B.3*	

COMPETENZA MORFOLOGICA E SINTATTICA

Si attribuisce il punteggio di		a un compito che presenta
3 punti	5 punti	strutture essenziali e quasi corrette (al massimo 2 errori) con un discreto collegamento. Sono ammessi 1-2 errori di concordanza morfologica
2 punti	4 punti	alcuni (massimo 3) errori nella costruzione delle frasi e alcuni (massimo 2) errori nella concordanza morfologica, e in cui sono poveri i collegamenti tra parole e frasi
1 punto	3 punti	sia le parole che le frasi non ben collegate tra loro, ma in cui è sempre rispettata la correlazione dei tempi. Sono ammessi al massimo 3 errori nella costruzione della frasi e al massimo 3 errori nella concordanza morfologica
0 punti	2 punti	scarsi collegamenti interfrasali e in cui non è rispettata la correlazione dei tempi. Presenza di errori (4) di concordanza morfologica
0 punti	1 punto	errori di concordanza morfologica e/o nella correlazione dei tempi tali da rendere incompresibile una o più parti del testo
nella prova B.2	*nella prova B.3*	

COMPETENZA SOCIOCULTURALE

Si attribuisce il punteggio di		a un compito che presenta
5 punti	5 punti	espressioni sempre corrette e adeguate alla situazione
4 punti	5 punti	qualche errore che non rende però mai l'espressione inadeguata alle relazione di ruolo
4 punti	4 punti	moduli espressivi adeguati alle relazioni di ruolo anche se è talvolta (in 1 o 2 casi) necessaria la rilettura di parti del testo per comprendere ciò che il candidato vuole esprimere
3 punti	3 punti	moduli espressivi talvolta inadeguati e in una o più parti del testo le intenzioni non sono sempre comprensibili chiaramente
0-2 punti	0-2 punti	errori che rendono spesso inadeguata l'espressione o incomprensibili le intenzioni
nella prova B.2	*nella prova B.3*	

COERENZA

Si attribuisce il punteggio di		a un compito che è svolto
4 punti	5 punti	totalmente e ben organizzato da un punto di vista logico
4 punti	5 punti	totalmente anche se le varie parti non hanno uno sviluppo equilibrato. Il compito presenta un buon ordine logico
3 punti	4 punti	totalmente anche se con qualche omissione (non rilevante ai fini della sua realizzazione). Il compito presenta un ordine logico appena sufficiente
2 punti	3 punti	solo in parte (uno o più punti indicati non sono svolti) e/o che non è ben organizzato dal punto di vista logico
1 punto	0-2 punti	solo in parte e in cui si nota l'incapacità di comprendere quanto richiesto
nella prova B.2	*nella prova B.3*	

NB.
Per rendere più chiara la valutazione della Prova di Produzione Scritta (PARTE B), a pagina 17 presentiamo alcuni esempi di compiti svolti da candidati con il relativo punteggio assegnato.
Tre compiti sono relativi alla prova B.1, tre compiti sono relativi alla prova B.2 e 3 compiti sono relativi alla prova B.3.

---

6   Gli schemi sono tratti da *La verifica delle competenze linguistiche - Misurare e valutare nella certificazione CELI*, a cura di G. Grego Bolli e M. G. Spiti, pp. 314-315

SCALE DI COMPETENZE PER LA PRODUZIONE ORALE (PARTE D) DEL CELI 2 *B1*[7].

COMPETENZA LESSICALE

Si attribuisce il punteggio di	a un candidato che si esprime utilizzando un vocabolario
5 punti	sempre totalmente adeguato alla situazione
4 punti	adeguato anche se talvolta (2-3 casi) richiede il suggerimento dell'ascoltatore
3 punti	adeguato anche se limitato (si ripete spesso e necessita di suggerimenti da parte dell'ascoltatore)
2 punti	così limitato da rendere talvolta incomprensibile la comunicazione
1 punto	molto limitato e inadeguato

COMPETENZA MORFOLOGICA E SINTATTICA

Si attribuisce il punteggio di	a un candidato che, per un contesto di interazione orale, si esprime
5 punti	in maniera essenziale ma corretta
4 punti	in maniera essenziale ma corretta, anche se si notano difficoltà nel formulare le proprie intenzioni, e collegando adeguatamente gli enunciati
3 punti	commettendo errori che non disturbano l'ascoltatore né per quantità né per gravità
2 punti	commettendo errori (3-4) morfologici e/o sintattici che disturbano l'ascoltatore
1 punto	commettendo errori che compromettono la comunicazione

COMPETENZA SOCIOCULTURALE

Si attribuisce il punteggio di	a un candidato che si esprime
5 punti	in maniera adeguata alla situazione, comprendendo gli interventi e adeguandosi ad essi senza sforzo, non limitando mai al minimo l'interscambio
4 punti	in maniera adeguata alla situazione anche se con qualche esitazione
3 punti	in maniera adeguata alla situazione, anche se le esitazioni richiedono una paziente attesa da parte dell'ascoltatore. Si adegua lentamente agli interventi
2 punti	in maniera non adeguata alla situazione o che necessita di numerosi interventi per riuscire a portare a termine il compito
1 punto	in maniera non adeguata alla situazione e con tali difficoltà da rendere innaturale la conversazione

PRONUNCIA E INTONAZIONE

Si attribuisce il punteggio di	a un candidato che si esprime
5 punti	con una pronuncia che, pur denotando chiaramente la sua proovenienza linguistica, lascia sempre comprendere chiaramente ciò che dice. L'intonazione è sempre adeguata
4 punti	con una pronuncia che denota marcatamente la sua provenienza linguistica e che necessita di qualche correzione. L'intonazione è sempre adeguata
3 punti	con difficoltà sia per la pronuncia che per l'ntonazione; ma sempre in modo comprensibile senza sforzo
2 punti	con errori di pronuncia o di intonazione che rendono in qualche caso (2-3) incomprensibile ciò che dice
1 punto	con errori di pronuncia e di intonazione che ostacolano la comunicazione

---

7   Gli schemi sono tratti da *La verifica delle competenze linguistiche - Misurare e valutare nella certificazione CELI*, a cura di G. Grego Bolli e M. G. Spiti, pp. 344-345

ESEMPI DI COMPITI SVOLTI DA CANDIDATI DEL CELI 2 *B1*

PROVA B.1

PARTECIPA A UN GIOCO

Intervista allo specchio. Ogni giocatore risponde a una intervista, che verrà poi confrontata con quella di altri giocatori.
1. **Definisciti con 3 aggettivi:**
2. **Professione: perché l'hai scelta?**
3. **Hobby o interessi:**
4. **Piatto preferito:**
5. **Genere musicale preferito:**
6. **Qual è il tuo difetto principale?**
7. **E il tuo pregio?**
8. **Dove vai a festeggiare un fatto speciale?**
9. **Dove vai se vuoi incontrare gli amici?**

---

1. Interessante, serio, ragione
2. Ingengere. Perché è interessante
3. Calcio
4. Penne arabiate
5. Preferisco il pop
6. Non ho difetti
7. Sono pazienza
8. -------
9. Alla piazza

| **PUNTEGGIO ASSEGNATO** | **3 punti** |

---

1. Intelligente, felice, dolce
2. Ragioniera, mi piace
3. Guardare la tv, leggere libri
4. Farfalle al pomodoro
5. Rock e pop
6. Gelosia
7. Calma
8. In discoteca
9. Vada al nostro parte di ritrovo

| **PUNTEGGIO ASSEGNATO** | **4 punti** |

---

1. Sensibile, generosa, dinamica
2. Sono insegnante d'inglese, perché mi piacciono molto le lingue straniere
3. Mi piace ascoltare la musica e fare aerobica
4. Pesce al forno con riso
5. Mi piace ascoltare la musica classica e jazz
6. La mia intelligenza
7. Sono qualche volta egoista
8. Di solito vado in un ottimo ristorante
9. Vado al bar per bere un caffè

| **PUNTEGGIO ASSEGNATO** | **5 punti** |

PROVA B.2

Scrivere un annuncio.

Lei si trova in Italia per qualche mese. Ha preso in affitto un appartamento molto grande. Pensa di dare in affitto una camera a un'altra persona.
Scrive un annuncio su un giornale locale.

Nell'annuncio:
- descrive la zona, la casa e la camera che vuole dare in affitto
- indica periodo e costo
- spiega perché e a chi preferisce affittare la camera
(utilizzare circa 50 parole)

Il mio nome è Carlo, vivo in un appartamento molto grande. Percio voglio dare in affito una camera il periodo che devi affitare la camera e dalle primo Settembre alle undici Agosto. Il costo per affittare la camera e 200 euro. Io affito la camera perche voglio conoscere una persona interesante.

PUNTEGGIO ASSEGNATO	
Competenza lessicale	1 punto
Competenza morfologica e sintattica	1 punto
Competenza socioculturale	3 punti
Coerenza	2 punti
Totale	7 punti

Il mio nome è Eleni. Ho preso in affitto un appartamento molto grande con due camere grande, luminose e commode.
L'appartamento è vicino al centro ed è molto economico, costo solo quattro cento euro. Affitto per un periodo di un anno rennovabile. Preferisco solo donne di trenta anni perché preferisco due ragazze restare nella stessa casa.

PUNTEGGIO ASSEGNATO	
Competenza lessicale	1 punto
Competenza morfologica e sintattica	2 punti
Competenza socioculturale	3 punti
Coerenza	3 punti
Totale	9 punti

Affittasi una camera in un appartamento nella zona centrale vicino alla fermata dell'autobus. La camera ha un letto, una scrivania con due sedie e una finestra mentre l'appartamento ha tre altre camere, una cucina e un bagno e si trova nel terzo piano. Il prezzo è 1500 euro per tre mesi e il periodo preferito e l'estate. La persona che preferisco per affittare la camera deve parlare l'italiano o l'inglese e deve lavorare.

PUNTEGGIO ASSEGNATO	
Competenza lessicale	3 punti
Competenza morfologica e sintattica	2 punti
Competenza socioculturale	5 punti
Coerenza	4 punti
Totale	14 punti

PROVA B.3

Scrivere una lettera.

Lei ha organizzato qualcosa (un viaggio, una festa, una gara sportiva, una mostra, ...) che ha avuto molto successo. Scrive a un amico italiano, che sapeva del Suo impegno, per raccontare la Sua esperienza.

Nella lettera:
- descrive alcuni particolari interessanti
- ringrazia l'amico per i consigli (o i materiali) che Le aveva dato
- scrive che gli invierà qualcosa (ad esempio foto, articoli di giornale...) dell'evento organizzato
(utilizzare da un minimo di 90 ad un massimo di 100 parole)

Cara Carla,
sai che la settimana scorsa ho organizzato una festa con grande successo. Molte persone sono arrivati alla casa mia e la musica è stata molto buona. Abbiamo bovuto, abbiamo parlato, abbiamo conosciuto molte persone interessante.
Grazie tanto per i tuoi consigli relativamente con la mia festa. Mi aiutavano molto.
Ti spedo molte fotografie dalla mia festa ed il video con tutti le interessanti persone e con i begli momenti.
Che peccato che non sei stata della mia festa!
Cordiali saluti. Cristina

PUNTEGGIO ASSEGNATO	
Competenza lessicale	2 punti
Competenza morfologica e sintattica	1 punti
Competenza socioculturale	3 punti
Coerenza	3 punti
Totale	9 punti

Caro Gino, ciao!
Come stai? Io posso dire di stare bene perché questo mese ho avuto qualche problema di salute. Adesso trovo tempo a scriverti. Vorrei ringraziarti per i tuoi consigli che mi aveva dato per la mia festa, che ho organizzato l'estate scorso. La festa ha avuto molto successo.
Sono venuti i miei amici e ci siamo divertiti molto, I piatti che aveva preparati erano molto saporiti.
La musica aveva creare un'atmosfera romantica e tutti abbiamo passato molto bene quella sera. Abbiamo scattato molte foto.
Se vuoi, ti manderò qualche foto tramite la posta la prossima settimana.
Ti ringrazio e spero di vederti presto e così ti ringrazierò di persona.
Tanti baci. Lucia

PUNTEGGIO ASSEGNATO	
Competenza lessicale	3 punti
Competenza morfologica e sintattica	2 punti
Competenza socioculturale	3 punti
Coerenza	5 punti
Totale	13 punti

Caro Carlo,
il viaggio in Italia che ho organizzato la settimana scorsa ha avuto molto successo. Siamo andati in Trentino e ci siamo trovati molto bene. Abbiamo visitato Trento e Bolzano. I miei amici sono andati in Italia per la prima volta e si sono godati l'esperienza.
Grazie per i tuoi consigli sulle prenotazioni e sui mezzi di trasporto.
Ho scattato molte foto che ti invierò subito in un CD. Ancora non le ho copiate in mio computer ma lo farò presto e poi le copierò nel CD.
Secondo me il CD lo riempirò tutto perché ci sono troppe foto.
Inoltre penso di inviarti un esempio piccolo di loro con un'email.
Arivederci a presto. Andrea

PUNTEGGIO ASSEGNATO	
Competenza lessicale	4 punti
Competenza morfologica e sintattica	3 punti
Competenza socioculturale	5 punti
Coerenza	5 punti
Totale	17 punti

CONSIGLI UTILI PER LO SVOLGIMENTO DELLE PROVE

Si ritiene opportuno dare alcune indicazioni e consigli utili per lo svolgimento delle esercitazioni presentate che risulteranno preziosi anche in una effettiva sessione d'esame.

- I candidati devono <u>controllare e rispettare il tempo</u> indicato nel fascicolo per le singole prove. Si ricorda che allo scadere del tempo previsto il fascicolo verrà tassativamente ritirato.

- I candidati devono abituarsi ad <u>utilizzare gli appositi Fogli delle Risposte</u> poiché solo questi, debitamente compilati, verranno usati per la correzione e valutazione delle prove d'esame.

- I candidati devono inserire nei Fogli delle Risposte <u>una sola risposta</u> pena il non conferimento del punteggio.

- I candidati devono <u>attenersi scrupolosamente alle istruzioni</u> contenute nei fascicoli e nei Fogli delle Risposte per ogni singola parte.

- I candidati devono rispettare il numero minimo e massimo di parole indicato nelle prove dove è richiesto di produrre una risposta (B.2, B.3).

- Ricordare che <u>l'uso del dizionario non è consentito</u> in sede d'esame.

- Per quanto riguarda la Prova di Produzione Scritta si fa presente che <u>verranno annullati i compiti che risulteranno palesemente copiati</u>.

- La Prova di Comprensione dell'Ascolto avviene attraverso l'ascolto dei testi registrati su un CD audio. Ogni testo ad eccezione di C.3, 1° testo, deve essere ascoltato due volte. Le pause (tra un compito e l'altro) consentono ai candidati di controllare le istruzioni e rivedere le proprie risposte.
  <u>L'ascolto deve procedere senza interruzioni</u> fino a quando la voce dello speaker non annunci "Fine della prova".
  Si fa presente che, a quel punto, in una effettiva sessione d'esame, il candidato deve subito riconsegnare il Foglio delle Risposte ai commissari d'esame.

Daniela Alessandroni

Prima unità
di esercitazione

1°

A L T E

Università Per Stranieri Di Perugia
Centro per la Valutazione e la Certificazione Linguistica

Livello B1 CELI 2

**CERTIFICATO DI CONOSCENZA DELLA
LINGUA ITALIANA**

Sessione di

PARTE A	Prova di Comprensione della Lettura

(PUNTEGGIO DELLA PROVA: 40 PUNTI)

PARTE B	Prova di Produzione di Testi Scritti

(PUNTEGGIO DELLA PROVA: 40 PUNTI)

TEMPO: 2 ORE

ATTENZIONE: MOLTO IMPORTANTE

Seguire esattamente le istruzioni.
Scrivere in modo chiaro e leggibile con la matita
nel Foglio delle Risposte.

PARTE A   PROVA DI COMPRENSIONE DELLA LETTURA

A.1 Leggere i testi da 1a 7. Indicare nel **Foglio delle Risposte**, vicino al numero del testo, la lettera A, B o C corrispondente alla risposta scelta.

Esempio:

| 0 | Ti sei macchiato il vestito con la frutta o con il vino? Usa l'acqua con il cloro.
Ti sei macchiato la camicia con il grasso? Usa acqua e sapone.
Ti sei macchiato la maglia con l'inchiostro? Usa il sale con il succo di limone. |

Questi sono

A   suggerimenti sui tessuti

B   consigli utili da seguire

C   modalità d'uso dei prodotti

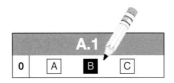

Esempio di risposta: | 0 | A | **B** | C |

---

1   A tutti coloro che hanno un peso eccessivo i medici consigliano una dieta equilibrata, ricca di frutta, verdura e legumi. Niente medicinali che possano nuocere la salute.

Poco pane e pasta. Vietati dolci e cibi grassi.

Importante è bere molta acqua e abbinare a questa dieta un esercizio fisico moderato.

Il testo presenta un consiglio per

A   avere un fisico agile

B   mantenersi in forma

C   diminuire il peso

2   Lavinia Tanzi, esperta in pubbliche relazioni racconta:

" Quando ero in ufficio alle riunioni di lavoro pensavo al frigo vuoto con un grande senso di colpa verso mio figlio, ma se ero con mio figlio pensavo alle riunioni.

La via d'uscita è arrivata con una decisione sofferta, ma necessaria : dire addio all'ufficio per lavorare da casa."

La signora Tanzi

   A   è riuscita a cambiare vita

   B   non partecipa alle riunioni

   C   finalmente fa la casalinga

3   Fate sport? Ecco perché arriva l'ora di buttare via il vostro equipaggiamento sportivo:

il costume da bagno dura circa due anni se lo lavate ogni volta che andate in piscina;

la racchetta da tennis dura circa un anno se non sostituite le corde spesso;

le scarpe da sport durano circa due anni se fate sempre footing in campagna o in montagna.

Queste notizie sull'abbigliamento sportivo informano

   A   su come mantenerlo sempre nuovo

   B   sul periodo della sua durata

   C   su come prevenirne il logoramento

4   **"Signor Sindaco, quali sono le aspettative degli abitanti di Genova per quest'anno?"**

" Loro si aspettano una città più bella, più vivibile e frequentata dai turisti. Genova ha tutte le caratteristiche per essere una capitale dell'arte. Nessuno la vede come città turistica perché è una città complicata, con le strade strette, poco percorribili e con gli accessi difficoltosi. Inoltre i genovesi, è vero che non sono molto aperti però sanno essere simpatici e spiritosi con tutti coloro che vengono a trovarci."

Genova non è una città turistica perché

   A   non è ricca di opere d'arte

   B   ha vari problemi di viabilità

   C   gli abitanti sono poco ospitali

5   Due società dello stesso gruppo prevedono 35 inserimenti: 15 autisti e 20 agenti di commercio. La proposta arriva da Napoli.

Gli autisti viaggeranno lungo tutta l'Italia e dovranno essere in possesso della patente E.

Gli agenti dovranno commercializzare frutta e verdura nelle grandi distribuzioni.

Per ambedue le categorie risulta titolo preferenziale una provata esperienza.

Il messaggio è diretto a

A	coloro che desiderano viaggiare
B	coloro che hanno già lavorato
C	coloro che cercano un lavoro

6   QUALE AUTO COMPRARE?

I signori Bossi hanno deciso di acquistare una macchina nuova in occasione della nascita del loro terzo figlio.

Quale auto è più adatta alle loro esigenze?

auto 1	auto 2	auto 3
Monovolume, non troppo grande, facile da parcheggiare: lunga 4 metri, trasporta fino a 4 passeggeri. I sedili si possono spostare per rendere più grande il bagagliaio. Il prezzo va da 16.000 euro a 20.000 euro.	Monovolume, con possibilità di tre passeggeri avanti e altrettanti dietro, tutti con le cinture di sicurezza: ideale per viaggiare, ospitando anche gli amici dei figli. Il prezzo va da 20.000 euro a 28.000 euro.	Sci, biciclette, valigie: c'è posto per tutto in questa monovolume adatta a chi vuole un bagagliaio più che spazioso. Ideale anche per un paio di coppie. Il prezzo è di 20.000 euro.

A	auto 1
B	auto 2
C	auto 3

7   Tutti coloro che hanno il pollice verde sono circondati in casa, nel terrazzo, in giardino, da piante molto rigogliose. Sono persone che hanno capacità particolari nel comprenderne i bisogni e nel mantenerle sane. Le trattano con premura e dedizione spendendo volentieri molto del loro tempo e dei loro guadagni.

Avere il pollice verde vuol dire

A   mostrarsi abile ed esperto nella cura delle piante

B   possedere delle piante verdi dentro o fuori casa

C   avere una grande conoscenza di tutte le piante

A.2 Leggere il testo. Non tutte le affermazioni da 8 a 17 sono presenti nel testo. Indicare nel **Foglio delle Risposte** , vicino al numero dell'affermazione,

Sì se è presente

No se non è presente

Esempio di risposta:

A.2		
0	Sì	No

IO, POVERO A 49 ANNI

Mi chiamo Marco, ho quarantanove anni e da due sono completamente disoccupato. Tiro avanti con i piccoli lavori che la mia, ormai non proprio ottima, salute mi consente e con qualche euro faticosamente messo da parte. Non va molto bene ma sono fortunatamente ottimista.

Cinema, teatro e ristoranti sono lussi che non frequento, in pizzeria ci andrò un paio di volte l'anno, entrare in un bar è diventato un evento da valutare con cura, non possiedo un computer e utilizzo quello di un amico.

Vacanze zero assoluto, ma per me è già vacanza fare un giro in macchina con gli amici.

Non mi lamento, tutto sommato non mi manca nulla: la spesa la faccio nei discount dove un chilo di pasta costa mezzo euro, i vestiti uso quelli che ho. Però l'altro giorno sono andato in crisi: si sono rotte le scarpe pesanti, quelle invernali e così ora mi ci vogliono almeno 30-40 euro quando con quei soldi io ci faccio la spesa almeno due volte.

Ho voluto scrivere queste cose anche perché mi fa male sentir dire che oggi stiamo tutti bene, che in giro si vedono tante auto di grossa cilindrata, che i ristoranti sono sempre affollati: quello che io penso è che le cose non sono così rosee come molti credono.

8   Marco è un uomo sui cinquant'anni

9   A quarantasette anni ha perso il lavoro

10   Lui può svolgere qualsiasi tipo di mansione

11   Confessa di non avere fiducia e speranza nel futuro

12   Raramente si concede degli svaghi

13   Gli amici non lo aiutano molto

14   Marco si accontenta di ciò che ha

15   Riesce a comprare cose a buon mercato

16   Le spese impreviste lo preoccupano molto

17   Marco riflette sull'apparente benessere

A.3 Completare le frasi da 18 a 22 con la parola opportuna tra le quattro proposte. Una sola è la scelta possibile. Indicare nel **Foglio delle Risposte**, vicino al numero della frase, la lettera A, B, C, o D corrispondente alla parola scelta.

Esempio di risposta:

A.3				
0	A	B	**C**	D

18 Andremo a giocare a calcio ...(18)... saremo in undici

A anche
B finché
C se
D nonostante

19 ...(19)... ho bisogno di un prestito, vado in una banca di fiducia

A quando
B che
C anche
D allora

20 Avevo ...(20)... finito di fare la doccia, quando ha suonato il postino che aspettavo con ansia

A ancora
B anche
C appena
D come

21 Andiamo al bar: ...(21)... prendiamo un caffè parliamo dei nostri progetti

A mentre
B poiché
C allora
D oppure

22 ...(22)... non ho la patente, non ho nemmeno la macchina

A neanche
B così
C siccome
D neppure

A.4 Completare il testo. Scegliere la parola opportuna tra quelle proposte da 23 a 32. Indicare nel Foglio delle Risposte, vicino ad ogni numero, la lettera A, B o C corrispondente alla parola scelta.

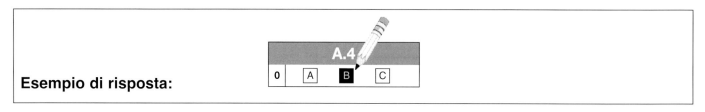

Esempio di risposta:

A.4		
0	A	B	C

UN CUCCIOLO PER GIOCARE

Cane, coniglio o criceto? Un animale può essere il compagno …..**(23)**….. per un bambino. Se non sai quale cucciolo è più adatto ti aiutiamo a sceglierlo.

Il cane, fedele e affettuoso, è un compagno …..**(24)**….. giochi attento e premuroso. Le razze con un carattere dolce ed equilibrato, come i Labrador e i beagle, sono anche ottimi baby sitter e ….**(25)**….. il bimbo dai pericoli.

Il piccolo coniglio fa molta più compagnia di …..**(26)**….. si pensi: per il bambino averlo in casa è un vero divertimento. Per abituarsi al nuovo padroncino ha bisogno di tempo, ma quando …..**(27)**…… i due si è instaurato un rapporto di fiducia, passano molte …..**(28)**…. insieme, senza stancarsi mai. Il bambino si diverte anche a …..**(29)**….. un criceto perché è sempre in movimento e gioca con la sua ruota. Bisogna fare attenzione a scegliere l'…..**(30)**…. giusto, perché alcuni non amano essere toccati e finiscono …..**(31)**….. mordere il piccolo. Il criceto non vive a lungo, due o tre anni e il bambino, che si è affezionato a lui, rimane tanto …..**(32)**….. per la sua perdita.

23	A	ideale	B	adeguato	C	vero
24	A	da	B	di	C	per
25	A	aiutano	B	prevengono	C	proteggono
26	A	quanto	B	come	C	quello
27	A	dei	B	tra	C	con
28	A	notti	B	giorni	C	ore
29	A	osservare	B	vedere	C	ammirare
30	A	articolo	B	esemplare	C	tipo
31	A	a	B	di	C	per
32	A	male	B	triste	C	solo

Prova di Comprensione della Lettura

A.5 Completare le frasi da 33 a 37 con i pronomi opportuni.

Scrivere nel **Foglio delle Risposte** i pronomi vicino al numero della frase da 33 a 37.

Esempio di risposta:

	A.5
0	*esempio* ▶

33 Signore, ...(33).... prego si sieda al mio posto; io scendo alla prossima fermata.

34 La Primavera è la stagione preferita da molti, ...(34)..... aspettano con ansia gli esseri umani ma soprattutto la natura in generale.

35 I bambini devono fare una ricerca sull'enciclopedia, ...(35).... occupo io o tu?

36 I libri, spesso ....(36).... leggiamo per passare il tempo e non per migliorare la nostra cultura.

37 Cosa ....(37).... pensa dell'attuale situazione politica?

PARTE B   PROVA DI PRODUZIONE DI TESTI SCRITTI

B.1 Rispondere al questionario. Scrivere nel **Foglio delle Risposte**, vicino al numero della domanda da 1 a 9.

Esempio di risposta:

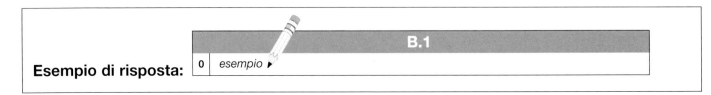

| 0 | esempio ▸ |

CHI TROVA UN AMICO, TROVA UN TESORO

Lei ha deciso di iscriversi all'agenzia *"Chi trova un amico trova un tesoro"* per conoscere persone nuove.
Lei deve compilare una scheda con tutte le informazioni che Le vengono richieste.

1   Si presenti brevemente (età, studi, lavoro).

2   Quali sono i motivi che La portano ad iscriversi a questa agenzia?

3   Chi Le ha consigliato questa agenzia?

4   Presenti alcuni aspetti del Suo carattere.

5   Lei coltiva degli hobby? Quali?

6   Quali sono i progetti per il Suo futuro?

7   In tre parole descriva l'amico/a che vorrebbe incontrare.

8   Cosa si aspetta da questa amicizia?

9   Esprima un Suo giudizio sull'organizzazione dell'agenzia.

Prova di Produzione di Testi Scritti

B.2 Rispondere ad un annuncio.
Scrivere nello spazio riservato a B.2 nel Foglio delle Risposte.

(Usare circa 50 parole)

Perugia, centro storico, affittasi
ampio locale per organizzare la vostra festa
di compleanno, di laurea,....
Offriamo musica, animazione e rinfresco
a buon prezzo.
Per altre informazioni scrivere un'e-mail a
Andrea pg@.............

Nella risposta

- si presenta brevemente

- chiede informazioni generali sul locale e sui costi, spiegando i motivi per cui lo vorrebbe prendere
  in affitto

- fissa un appuntamento con il responsabile per vederlo

Scrivere nel
Foglio delle Risposte

B.3 Scrivere una cartolina.
Scrivere nello spazio riservato a B.3 nel Foglio delle Risposte.

(Da un minimo di 90 ad un massimo di 100 parole)

Lei si trova nella capitale del Suo Paese. Decide di comprare una bella cartolina per spedirla a degli amici italiani che non vede da molto tempo.

Nella cartolina

- spiega perché si trova in quella città

- descrive le bellezze di questo luogo

- invita gli amici a venire da Lei per poter ammirare da vicino queste bellezze

Scrivere nel
Foglio delle Risposte

A L T E

Università Per Stranieri Di Perugia
Centro per la Valutazione e la Certificazione Linguistica

Livello B1 CELI 2

**CERTIFICATO DI CONOSCENZA DELLA
LINGUA ITALIANA**

Sessione di

PARTE C	Prova di Comprensione dell'Ascolto

(PUNTEGGIO DELLA PROVA: 40 PUNTI)

TEMPO: 20 MINUTI

ATTENZIONE: MOLTO IMPORTANTE

Seguire esattamente le istruzioni.
Scrivere in modo chiaro e leggibile con la matita
nel Foglio delle Risposte.

PARTE C	PROVA DI COMPRENSIONE DELL'ASCOLTO

C.1 Ascoltare i messaggi pubblicitari da 1 a 4.

Indicare nel **Foglio delle Risposte**, vicino al numero del messaggio, la lettera A, B o C corrispondente alla risposta scelta.

Ascolterete i testi due volte.

Esempio di risposta:

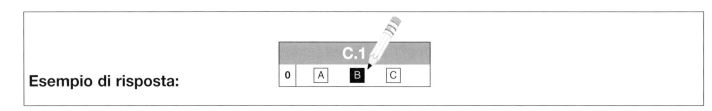

 **Traccia 2/3**

1   Per vincere un viaggio a Capri occorre

    A   partecipare al grande concorso
    B   usare la linea TUTTO SOLE
    C   prendere molto sole al mare

2   Il prodotto pubblicizzato è

    A   una camicia
    B   un vestito
    C   un tessuto

3   COTTA è

    A   un coperchio
    B   una pentola
    C   una cucina

4   Il messaggio esalta

    A   la qualità dell'arredamento
    B   i prezzi a buon mercato
    C   i vari giorni di apertura

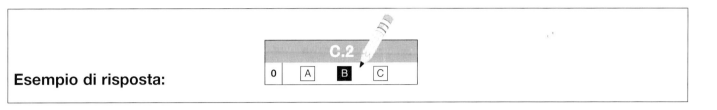

C.2 Ascoltare i testi delle notizie da 5 a 8. Indicare nel Foglio delle Risposte la lettera A, B o C corrispondente alla risposta scelta.
Ascolterete i testi due volte.

Esempio di risposta:

C.2		
0	A	**B**	C

 **Traccia 4**

5 Il testo presenta

- A i risultati di un sondaggio
- B come passare le vacanze
- C i luoghi preferiti dalle donne

6 L'intento del concorso è di

- A far vincere bei premi
- B far esprimere opinioni
- C far incontrare i giovani

7 Si evidenzia

- A l'eccezionalità di questa offerta
- B l'importanza di essere abbonati
- C l'appuntamento di ogni giovedì

8 L'articolo vuol essere

- A una protesta per la lunga fila di macchine e lo smog
- B una denuncia per il malfunzionamento del tabellone
- C una descrizione degli stati d'animo degli automobilisti

 **Ascoltare i due testi.**

1° testo

Il testo è un'intervista a una giovanissima attrice. Non tutte le affermazioni da 9 a 23 sono presenti nel testo. Indicare nel **Foglio delle Risposte**, vicino al numero dell'affermazione,

Sì se è presente

No se non è presente.

Ascolterete il testo una sola volta.

Esempio di risposta:

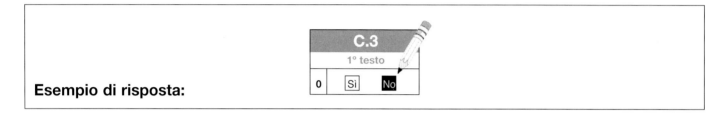

Traccia 5

9   Giovanna è la bambina più ammirata d'Italia

10   non ho molti impegni di lavoro

11   un gioco dove mi diverto

12   i colleghi sono più grandi

13   frequento la scuola tutti i giorni

14   grazie all'aiuto della mia mamma

15   recitare mi diverte di più

16   non mi piace fare gli autografi

17   mi emoziono un po'

18   questo lavoro può finire

19   prima devo diplomarmi

20   anche lei si diverte

21   mi critico molto

22   noi siamo uguali

23   ho un viso impegnativo

C.3

2° testo

Il testo tratta di una persona che da consigli su come combattere il problema dell'insonnia.

Non tutte le affermazioni da 24 a 33 sono presenti nel testo.

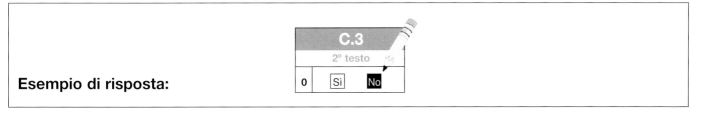

LE AFFERMAZIONI RIPORTANO IL CONTENUTO DEL TESTO SENZA RIPETERE NECESSARIAMENTE LE STESSE PAROLE

Indicare nel **Foglio delle Risposte**, vicino al numero dell'affermazione,

Sì se è presente

No se non è presente.

Ascolterete il testo due volte.

Esempio di risposta:	C.3 2° testo		
	0	Sì	No

 **Traccia 6**

24   prima non andavo a dormire molto presto

25   un giorno ho stabilito di modificare lo stile di vita

26   per dormire ha bisogno di una bevanda calda

27   seleziono il tipo di musica da ascoltare

28   preferisco non avere mezzi tecnologici in casa

29   ho bisogno di molta luce

30   prima di andare a dormire metto tutto in ordine

31   in camera ci deve essere sempre aria pulita

32   ogni tanto bevo un buon caffè

33   se vado a dormire sempre alla stessa ora, la mattina mi sento meglio.

Daniela Alessandroni

Fogli delle Risposte

1°

UNIVERSITA PER STRANIERI DI PERUGIA
CENTRO PER LA VALUTAZIONE E LA CERTIFICAZIONE LINGUISTICA
Livello B1 **CELI2**
Foglio delle Risposte

A L T E

**1°
Fascicolo**

Cognome

Nome

Firma del candidato (leggibile)

| Istruzioni per le sezioni | A.1 | A.2 | A.3 | A.4 | C.1 | C.2 | C.3 |

Indicare una sola risposta.

Usare la matita per indicare la risposta scelta.
Annerire completamente la casella corrispondente, così:

| 0 | A | **B** |

Usare la gomma per cancellare
solo in casi eccezionali.

| 0 | A | **B** |

| Istruzioni per la sezione | A.5 | B.1 |

Usare la matita.
Scrivere la risposta in maniera chiara e
leggibile nello spazio vicino al numero, così:

| 0 | esempio |

Usare la gomma per cancellare
solo in casi eccezionali.

| 0 | esem |

| Istruzioni per le sezioni | B.2 | B.3 |

Usare la matita.
Scrivere in maniera chiara e
leggibile nello spazio a disposizione.

esempio

Usare la gomma per cancellare
solo in casi eccezionali.

esem

PARTE A   Prova di Comprensione della Lettura

Risposte

A.1
1	A	B	C
2	A	B	C
3	A	B	C
4	A	B	C
5	A	B	C
6	A	B	C
7	A	B	C

A.2
8	Sì	No
9	Sì	No
10	Sì	No
11	Sì	No
12	Sì	No
13	Sì	No
14	Sì	No
15	Sì	No
16	Sì	No
17	Sì	No

A.3
18	A	B	C	D
19	A	B	C	D
20	A	B	C	D
21	A	B	C	D
22	A	B	C	D

A.4
23	A	B	C
24	A	B	C
25	A	B	C
26	A	B	C
27	A	B	C
28	A	B	C
29	A	B	C
30	A	B	C
31	A	B	C
32	A	B	C

A.5   Non scrivere qui
33			
34			
35			
36			
37			

Girare il foglio ➡

UNIVERSITA PER STRANIERI DI PERUGIA

CENTRO PER LA VALUTAZIONE E LA CERTIFICAZIONE LINGUISTICA

Livello B1 **CELI2**

Foglio delle Risposte

A L T E

PARTE B	Prova di Produzione di Testi Scritti	PNT

Risposte

B.1

1	
2	
3	
4	
5	
6	
7	
8	
9	

B.2

Facsimile

Non scrivere sotto questa linea

B.1

0	1	2	3	4	5

B.2

0	1	2	3	4	5	6	7
8	9	10	11	12	13	14	15

UNIVERSITÀ PER STRANIERI DI PERUGIA
CENTRO PER LA VALUTAZIONE E LA CERTIFICAZIONE LINGUISTICA
Livello B1 **CELI2**
Foglio delle Risposte

A L T E

**1°
Fascicolo**

Cognome

Nome

Firma del candidato (leggibile)

PARTE B   **Prova di Produzione di Testi Scritti**

Risposte

B.3

Girare il foglio ➞

Non scrivere sotto questa linea

B.3

0	1	2	3	4	5	6	7	8	9	10	11	12	13	14	15	16	17	18	19	20

UNIVERSITA PER STRANIERI DI PERUGIA
CENTRO PER LA VALUTAZIONE E LA CERTIFICAZIONE LINGUISTICA
Livello B1 **CELI2**
Foglio delle Risposte

A L T E

**2°
Fascicolo**

PARTE C	Prova di Comprensione dell'Ascolto

Risposte

C.1

1	A	B	C
2	A	B	C
3	A	B	C
4	A	B	C

C.2

5	A	B	C
6	A	B	C
7	A	B	C
8	A	B	C

C.3
1° Testo

9	Sì	No
10	Sì	No
11	Sì	No
12	Sì	No
13	Sì	No
14	Sì	No
15	Sì	No
16	Sì	No
17	Sì	No
18	Sì	No
19	Sì	No
20	Sì	No
21	Sì	No
22	Sì	No
23	Sì	No

C.3
2° Testo

24	Sì	No
25	Sì	No
26	Sì	No
27	Sì	No
28	Sì	No
29	Sì	No
30	Sì	No
31	Sì	No
32	Sì	No
33	Sì	No

Daniela Alessandroni

Prova di
Produzione Orale

- Foto da descrivere
- Foto per il compito comunicativo

1°

FOTO DA DESCRIVERE

FOTO PER IL COMPITO COMUNICATIVO

Lei si trova a Perugia. È appena finita la lezione di italiano e all'uscita dell'Università per Stranieri conversa con un compagno spagnolo del corso.

Lui afferma che la lingua italiana è facile da apprendere, Lei non condivide questa opinione ed illustra al Suo amico quali sono le difficoltà che ha incontrato finora.

Daniela Alessandroni

Chiavi e trascrizione
dei testi registrati

1°

CHIAVI

A.1   1.C   2.A   3.C   4.B   5.C   6.B   7.A

A.2   SÌ: 8   9   12   14   15   16   17
     NO: 10   11   13

A.3   18.C   19.A   20.C   21.A   22.C

A.4   23. A   28. C
    24. B   29. A
    25. C   30. B
    26. A   31. C
    27. B   32. A

A.5   33. La   34. la   35. me ne   36. li   37. ne

C.1   1.A   2.A   3.B   4.B

C.2   5.A   6.B   7.A   8.B

C.3 **1° TESTO**   SÌ: 11   14   15   17   18   20   21   23
                NO: 9   10   12   13   16   19   22

     2°TESTO   SÌ: 24   25   26   27   30   31   33
                NO: 28   29   32

 **Traccia 2/3**

TRASCRIZIONE DEI TESTI REGISTRATI PER LA PROVA
DI COMPRENSIONE DELL'ASCOLTO

M = VOCE MASCHILE   F = VOCE FEMMINILE

M Prima unità di esercitazione per il conseguimento del CELI 2 – Certificato di Conoscenza della Lingua Italiana – Livello 2
Prova di Comprensione dell'Ascolto

F Il candidato ha un minuto di tempo a sua disposizione per scorrere brevemente i test proposti nel fascicolo.

F Inizio della prova

C.1

Ascolterete ora dei messaggi pubblicitari. Ascoltate attentamente e svolgete l'attività indicata nel foglio.
I messaggi vanno ascoltati due volte.

M 1) TUTTO SOLE, la più completa linea cosmetica per proteggersi dal sole e avere un'abbron zatura perfetta, oggi ha organizzato un grande concorso "Prendi il sole e vai a Capri". Con una confezione del prodotto si vincono viaggi da sogno per due persone, basta inviare la prova d'acquisto entro il 30 novembre.

F 2) I nostro prodotto è artigianale fatto su misura secondo le regole della grande sartoria italiana. Si possono scegliere tanti tipi di tessuto, 25 modelli di collo, 5 modelli di polsini, tanti tipi di taschini e infine per ogni due acquisti avrete in omaggio una cravatta adeguata.

M 3) La nuova COTTA in acciaio inox è estremamente resistente e ideale per una cottura pro-lungata. Lo spessore del fondo offre un'ottima diffusione del calore.
La sua chiusura ha una forma particolare per consentire una migliore cottura e per dimi-nuire i tempi.

F 4) La CASA DEL MOBILE annuncia che a partire dal 1° gennaio venderà eccezionalmente
- cucina, camera e salotto, solo a 2.000 euro
- studio, bagno e sala da pranzo, solo a 1.500 euro.
Inoltre ricorda a tutti i clienti che i punti vendita di Milano e Roma sono aperti tutti i giorni anche la domenica.

 **Traccia 4**

F   C.2

Ascolterete ora alcune notizie. Ascoltate attentamente e svolgete l'attività indicata nel foglio.
Le notizie vanno ascoltate due volte.

M   5) Secondo un recente studio il 15% delle donne va in vacanza con un'amica mentre il 12% va da sola. Il 49% preferisce gli alberghi più economici, mentre il 78% viaggia per cultura e relax.

F   6) È stato organizzato dal Comune di Perugia un concorso per tutti gli studenti delle scuole superiori intitolato "Il mio quartiere lo vorrei così".
I lavori saranno illustrati sabato prossimo dagli studenti stess e il vincitore avrà come premio una gita presso un parco ecologico della regione.

M   7) Solo giovedì 20 ottobre il 10° volume di TUTTO CUCINA uscirà a soli 5 euro anziché 8 euro. È un'esclusiva di SEMPRE TU, la rivista della settimana che fa questo regalo unico, non solo agli abbonati.

F   8) Tutti coloro che abitano a Roma sanno che quando si entra nel nuovo tunnel siamo pieni di ottimismo e poi quando si esce siamo tutti arrabbiati a causa della grande quantità di macchine e di smog. Tutto questo perché il tabellone elettronico posto all'entrata del tunnel non segnala il traffico e i poveri cittadini non hanno la possibilità di scegliere un percorso alternativo.

 **Traccia 5**

M   C.3 Ascoltare i testi

1° testo

Ascolterete ora un testo di un'intervista ad una giovanissima attrice. Durante l'ascolto svolgete l'attività indicata nel foglio.
Il testo va ascoltato una sola volta.

M   Giovanna, in breve tempo sei diventata la bambina più popolare d'Italia grazie alla dolcezza del tuo viso e all'intensità del tuo sguardo. Partecipi a spot pubblicitari, ma anche a vari film, non pensi di lavorare troppo alla tua giovane età?
F   Tutto questo per me non è un lavoro, ma un gioco dove mi diverto tanto. Mi piace stare sul set e poi tutti sono molto gentili, protettivi e carini con me.
M   Non pensi di trascurare la scuola?
F   No, assolutamente no. A scuola vado benissimo perché mi piace tanto studiare, specialmente l'italiano. Se è necessario studio anche il sabato e la domenica.
M   Allora fra set cinematografico, spot pubblicitari e scuola, avrai poco tempo per giocare.
F   Cerco di organizzare bene le mie giornate, soprattutto grazie all'aiuto della mia mamma. Faccio tante cose: gioco a tennis e studio danza classica. Facevo anche nuoto ma ho lasciato perdere perché recitare mi diverte di più.
M   Che effetto ti fa quando la gente ti ferma per strada e ti chiede un autografo?
F   Mi fa tanto piacere! È bello! Quando a scuola le mie compagne mi fanno i complimenti mi emoziono un po' perché anche se non sembra sono anche un po' timida..
M   Sai già cosa ti piacerebbe fare da grande?
F   L'attrice, credo. Ma mamma mi dice sempre che questo lavoro può finire da un momento all'altro. E allora magari farò la stilista. Ma prima devo laurearmi, come vuole la mamma, poi vedremo.
M   Sei contenta che anche la tua sorellina segua la tua stessa strada?
F   Si, perché anche lei si diverte tanto, come me. Mi piace guardarla quando è in televisione. È proprio brava!
M   E tu, sei brava?
F   A volte mi piaccio, a volte no. Mi critico molto.
M   Tu e tua sorella siete uguali?
F   Noi siamo diverse: a lei danno sempre personaggi di bambina allegra, a me invece più seri, più posati. Dicono che ho un viso impegnativo.

 **Traccia 6**

F   **2° testo**

Ascolterete ora un testo che tratta di un signore che da consigli su come combattere il problema dell'insonnia. Ascoltate attentamente e svolgete l'attività indicata nel foglio. Il testo va ascoltato due volte.

M   "Per molto tempo sono andato a letto tardi la sera. Ho incominciato perciò ad avere difficoltà ad addormentarmi.

Allora ho deciso di cambiare le mie abitudini serali. Ogni sera, mi sono imposto alcune regole semplici.

Prima di andare a letto preparo una buona tisana calda e mentre la bevo ascolto una musica distensiva come i "Notturni" di Chopin e niente musica rock perché mi fa aumentare l'adrenalina. Dalla mia camera ho spostato il televisore e il computer perché disturbavano il mio riposo e così preferisco dedicarmi ad una lettura attenta di alcune pagine di un libro coinvolgente sotto la luce di una candela: credetemi nella camera si crea un'atmosfera veramente rilassante.

Inoltre ho capito che un altro fattore essenziale per addormentarmi tranquillo e senza stress è mantenere un certo ordine: così mi prendo cura della casa e mi piace che, alla sera, tutto sia pulito ed al suo posto: niente piatti sporchi in cucina, no al disordine nelle altre stanze e soprattutto la camera deve essere ben arieggiata.

La sera evito di bere il caffè o i superalcolici. Mi metto nel letto con regolarità, perché per dormire occorre una buona educazione al sonno, quindi orari regolari per potermi svegliare al mattino riposato e di buon umore."

F   **FINE DELLA PROVA**

Roberta Rondoni

Seconda unità
di esercitazione

2°

A L T E

Università Per Stranieri Di Perugia
Centro per la Valutazione e la Certificazione Linguistica

Livello B1 CELI 2

**CERTIFICATO DI CONOSCENZA DELLA
LINGUA ITALIANA**
Sessione di

PARTE A	Prova di Comprensione della Lettura

(PUNTEGGIO DELLA PROVA: 40 PUNTI)

PARTE B	Prova di Produzione di Testi Scritti

(PUNTEGGIO DELLA PROVA: 40 PUNTI)

TEMPO: 2 ORE

ATTENZIONE: MOLTO IMPORTANTE

Seguire esattamente le istruzioni.
Scrivere in modo chiaro e leggibile con la matita
nel Foglio delle Risposte.

PARTE A   PROVA DI COMPRENSIONE DELLA LETTURA

A.1 Leggere i testi da 1 a 7. Indicare nel **Foglio delle Risposte** vicino al numero del testo, la lettera A, B, o C corrispondente alla risposta scelta.

Esempio:

0	Ti sei macchiato il vestito con la frutta o con il vino? Usa l'acqua con il cloro. Ti sei macchiato la camicia con il grasso? Usa acqua e sapone. Ti sei macchiato la maglia con l'inchiostro? Usa il sale con il succo di limone.

Questi sono

- A suggerimenti sui tessuti
- B consigli utili da seguire
- C modalità d'uso dei prodotti

Esempio di risposta:

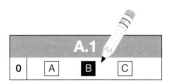

---

1   Tutti gli amanti del cinema che si abboneranno alla rivista "Il cinema italiano dalla A alla Z" entro il 31 dicembre, pagheranno 75 Euro invece di 97 Euro e riceveranno in omaggio 3 videocassette di celebri film italiani. Inoltre potranno avere uno sconto del 30% per un anno sull'ingresso a tutti i cinema della loro città.

Gli amanti del cinema possono

- A acquistare 3 film ad un prezzo vantaggioso
- B andare al cinema gratuitamente per un anno
- C risparmiare sul prezzo di una rivista di cinema

2   Per scaricare la tensione a volte basta poco: una bella passeggiata all'aria aperta associata a semplici esercizi fisici. Si chiama *fitwalking* ed è un'attività fisica molto diffusa. Si alternano dieci minuti di camminata ad esercizi di allungamento dei muscoli, saltelli e piegamenti. Si comincia con 20 minuti al giorno per arrivare ad un'ora. Non è necessario avere una preparazione sportiva, occorre solo un po' di tempo e di volontà. E se mentre si cammina si ascolta un po' di musica, si sente meno la fatica.

Il testo dà informazioni relative

- A ad uno sport per atleti esperti
- B ad un modo di fare ginnastica
- C a come allenarsi al ritmo di musica

3 Cerchi un'attività stimolante nel settore turistico? Sei disoccupato o il lavoro che fai non ti soddisfa? Nel mese di marzo la nostra società, che gestisce villaggi vacanze in tutte le più belle località d'Italia, seleziona personale per lavorare nei villaggi turistici: animatori, istruttori sportivi, musicisti, ballerini, cabarettisti e costumisti. L'età richiesta è tra i 18 e i 30 anni. Non è indispensabile esperienza nel settore ma è fondamentale la conoscenza dell'inglese. Insieme al curriculum inviare una foto.

Per partecipare alla selezione è necessario

A   aver già fatto questo lavoro
B   non avere altre occupazioni
C   parlare lingue straniere

4 Gentile Direttore,
sin da ragazzina ho un desiderio: imparare a restaurare mobili. Oggi che sono adulta e lavoro solo la mattina, ho la possibilità di seguire un corso di restauro. So che esiste una scuola vicino a Parma, la città in cui vivo, dove non è obbligatoria la frequenza a tempo pieno. Mi rivolgo a Lei e al Suo giornale per chiedere notizie sulla scuola e l'indirizzo preciso. La ringrazio.

Maria P.

La signora scrive al Direttore per

A   avere informazioni
B   chiedere consigli
C   trovare un lavoro

5 Negli ultimi anni il modo di fare turismo è cambiato. Non più solo mare o montagna. Oggi c'è il desiderio di allontanarsi dalle città caotiche e andare alla scoperta di luoghi incontaminati, a contatto con la natura. È per questo che sempre più persone, in particolare famiglie, scelgono di passare qualche giorno in un agriturismo per immergersi in un'atmosfera rilassante e condurre una vita semplice e sana. Il tutto a prezzi molto convenienti.

Questo tipo di vacanza viene scelto soprattutto da chi

A   ha bisogno di tranquillità
B   è stanco di andare al mare
C   ha una famiglia numerosa

6   Quale di queste tre località consiglierebbe ad una persona che, oltre a praticare sport, vuole anche prendersi cura del proprio corpo?

SAPPADA	SESTOLA	MADESIMO
Per coloro che oltre a sciare vogliono fare qualcosa di diverso, a Sappada, in provincia di Belluno, troverete stazioni sciistiche con piste per lo sci, per il fondo e per lo sleddog (le slitte trainate dai cani); inoltre c'è la possibilità di godere delle terme e visitare *Nevelandia*, il primo grande parco bianco di divertimenti.	A Sestola, in provincia di Modena, oltre a sciare in mezzo a splendidi panorami, si può praticare lo snowbard, il pattinaggio su ghiaccio, i fuoripista e tante altre attività. Per raggiungere Sestola c'è un treno molto comodo che parte da Bologna così non occorre raggiungerla con la macchina.	Volete sciare e contemporaneamente ritrovare la forma? Allora non c'è dubbio: la stazione sciistica di Madesimo, in provincia di Sondrio fa per voi; oltre ad offrirvi 50 km di piste per tutti i gusti, offre strutture alberghiere dotate di centri benessere: fittness, sauna, massaggi e bagni turchi.

A   Sappada

B   Sestola

C   Madesimo

7   La sigla CE su tanti prodotti significa "Comunità Europea". Non è un marchio d'origine del prodotto ma è un marchio di sicurezza, obbligatorio su tutti i prodotti dei paesi membri dell'Unione Europea. Ad esempio, su un giocattolo, indica che il prodotto è sicuro e non è pericoloso per i bambini.

Il marchio CE sui prodotti

A   indica il luogo di produzione

B   garantisce la loro qualità

C   assicura la loro autenticità

A.2 Leggere il testo. Non tutte le affermazioni da 8 a 17 sono presenti nel testo.
Indicare nel Foglio delle Risposte, vicino al numero dell'affermazione,

Sì se è presente

No se non è presente

Esempio di risposta:

IL LAVORO: CHE PASSIONE!

Sono un'insegnante di scuola media superiore. Sin da bambina sognavo di essere al posto della mia maestra. Oggi, a 40 anni, dopo anni di studio e di concorsi, sono finalmente riuscita ad entrare nella scuola statale e ad avere il mio posto fisso. Il mio lavoro non mi pesa perché lo faccio con entusiasmo anche se non è sempre, come qualcuno pensa, né facile né leggero. Le mie amiche mi invidiano perché dicono che ho molto tempo a disposizione per fare le mie cose e che ho tre mesi di vacanza all'anno, da giugno quando terminano le lezioni, fino alla loro ripresa. Ma non è così! Gli esami finiscono a metà luglio e all'inizio di settembre cominciano le riunioni per la programmazione del nuovo anno scolastico. Durante l'anno, oltre alle 18 ore di lezione della mattina, ho vari impegni anche di pomeriggio: corsi di aggiornamento, riunioni, preparazione delle lezioni e correzione dei compiti. Anche il fatto di andare in gita, almeno una volta all'anno in Italia o all'estero, con decine di ragazzi vivaci e con tanta voglia di divertirsi è una cosa impegnativa. E il rapporto con i colleghi? Sicuramente non è sempre facile ma io ho un carattere accomodante e cerco di non litigare mai con nessuno. Comunque, nonostante tutti i miei impegni, riesco ad occuparmi dei miei figli e di mio marito e questa è la cosa più importante.

8   Ricorda il modo di insegnare della sua maestra

9   Descrive che tipo di studi ha seguito

10   Esprime la soddisfazione per quello che fa

11   Si lamenta di non poter vedere spesso le sue amiche

12   Specifica quando andrà in vacanza

13   Dice di non avere molto tempo libero

14   Il suo lavoro non si svolge solo la mattina

15   A volte deve viaggiare

16   Dice che non va d'accordo con gli altri insegnanti

17   Trova il tempo per dedicarsi alla famiglia

A.3 Completare le frasi da 18 a 22 con la parola opportuna tra le quattro proposte. Una sola è la scelta possibile. Indicare nel Foglio delle Risposte, vicino al numero della frase, la lettera A, B, C, o D corrispondente alla parola scelta.

Esempio di risposta:

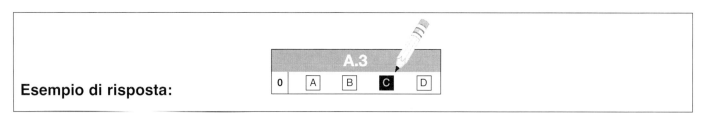

18   Verrò volentieri ad aiutarti …**(18)**… ne avrai bisogno

      A   ma

      B   affinché

      C   se

      D   senza che

19   …**(19)**… tu prepari il pranzo io finisco di pulire la mia camera

      A   Dopo

      B   Intanto

      C   Durante

      D   Mentre

20   Amo molto il cinema e …**(20)**… c'è un bel film ci vado

      A   quando

      B   mentre

      C   allora

      D   anche se

21   Mi ha sorriso …**(21)**… mi ha visto

      A   dunque

      B   appena

      C   se

      D   prima di

22   Sono così stanco …**(22)**… me ne vado subito a letto

      A   neanche

      B   eppure

      C   che

      D   come

A.4 Completare il testo. Scegliere la parola opportuna tra quelle proposte da 23 a 32. Indicare nel Foglio delle Risposte, vicino ad ogni numero, la lettera A, B o C corrispondente alla parola scelta.

Esempio di risposta:

| 0 | A | B | C |

COME AVERE CURA DEI NOSTRI CANI

Per far diventare il nostro cucciolo un cane sano e forte, deve essere trattato quasi come un bambino poiché ha …..(23)….. di attenzioni, di cure, e di cibi adatti. I cani adulti, di solito, mangiano una o, al …..(24)….., due volte al giorno; un cucciolo, invece, deve fare tre, quattro …..(25)….. al giorno per arrivare a due all'età di un anno, quando cioè …..(26)….. di crescere. Inoltre deve mangiare di tutto per avere tutte le sostanze …..(27)….. gli servono per lo sviluppo dei muscoli e delle ossa. Nella sua dieta deve essere presente pasta, carne, pesce e anche olio d'oliva per …..(28)….. avere il pelo lucido. Invece il latte va evitato perché …..(29)…. provocare delle allergie. Se il cibo al cucciolo viene preparato …..(30)….. noi, dobbiamo chiedere consiglio al veterinario per sapere precisamente la quantità a …..(31)….. necessaria. Se invece utiliziamo i cibi per cani pronti, dobbiamo …..(32)….. le indicazioni e le dosi riportate sulla confezione.

23	A	volontà	B	bisogno	C	urgenza
24	A	massimo	B	grande	C	migliore
25	A	pranzi	B	nutrimenti	C	pasti
26	A	smette	B	comincia	C	continua
27	A	quali	B	che	C	quelle
28	A	fargli	B	farlo	C	farne
29	A	ha potuto	B	poteva	C	potrebbe
30	A	di	B	con	C	da
31	A	loro	B	lui	C	egli
32	A	seguire	B	capire	C	ubbidire

A.5 Completare le frasi da 33 a 37 con i pronomi opportuni.

Scrivere nel Foglio delle Risposte i pronomi vicino al numero della frase da 33 a 37.

Esempio di risposta:

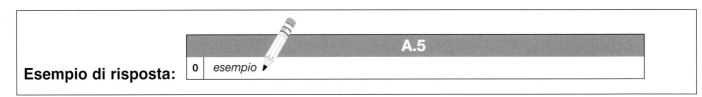

A.5
0   *esempio* ▶

33   Adoro questo orologio e ....(33).... indosso tutti i giorni.

34   Stasera siamo a cena da Paolo, ...(34)..... sei dimenticato?

35   Se Lucia non ha l'ombrello ....(35).... presto io.

36   I nostri genitori vivono lontano ma ....(36).... telefonano ogni giorno.

37   Sono dei fiori bellissimi: ....(37).... ho comprati due mazzi.

PARTE B   PROVA DI PRODUZIONE DI TESTI SCRITTI

B.1 Rispondere al questionario. Scrivere nel **Foglio delle Risposte**, vicino al numero della domanda da 1 a 9.

Esempio di risposta:

B.1
0   *esempio* ▶

AIUTATECI A MIGLIORARE IL NOSTRO SERVIZIO!

In un catalogo italiano che effettua vendita per corrispondenza ha trovato un questionario
che ha lo scopo di migliorare il servizio offerto. Lei risponde al questionario.

1   **Da quanto tempo fa acquisti per corrispondenza tramite il nostro catalogo?**

2   **Come giudica il servizio?**

3   **Cosa pensa dei prezzi?**

4   **Secondo Lei i tempi di consegna dei prodotti sono brevi?**

5   **C'è qualcosa che non La soddisfa?**

6   **Pensa di continuare ad utilizzare questo servizio?**

7   **Quali articoli acquista di più e quali di meno?**

8   **A chi consiglierebbe questa forma di acquisto?**

9   **Ha qualche suggerimento da darci per migliorare il nostro servizio?**

B.2 Scrivere un annuncio.

Scrivere nello spazio riservato a B.2 nel Foglio delle Risposte

(Usare circa 50 parole)

Lei si trova in Italia per un corso di lingua italiana e vorrebbe conoscere persone italiane con cui fare conversazione per migliorare le Sue capacità comunicative.
Scrive un annuncio in un giornale.

Nell'annuncio
- si presenta brevemente
- spiega quello di cui ha bisogno
- indica come contattarLa

Scrivere nel
Foglio delle Risposte

B.3 Scrivere una lettera.

Scrivere nello spazio riservato a B.3 nel Foglio delle Risposte

(Da un minimo di 90 ad un massimo di 100 parole)

Lei è appena tornato/a da un viaggio bellissimo. Scrive ad un/a Suo/a amico/a italiano/a e gli/le racconta la Sua bella esperienza.

Nella lettera
- descrive il paese o i paesi che ha visitato
- racconta le sensazioni ed emozioni che ha provato
- dà dei consigli all'amico/a per le prossime vacanze

Scrivere nel
Foglio delle Risposte

A L T E

Università Per Stranieri Di Perugia
Centro per la Valutazione e la Certificazione Linguistica

Livello B1 CELI 2

CERTIFICATO DI CONOSCENZA DELLA LINGUA ITALIANA

Sessione di

PARTE C	Prova di Comprensione dell'Ascolto

(PUNTEGGIO DELLA PROVA: 40 PUNTI)

TEMPO: 20 MINUTI

ATTENZIONE: MOLTO IMPORTANTE

Seguire esattamente le istruzioni.
Scrivere in modo chiaro e leggibile con la matita
nel Foglio delle Risposte.

PARTE C   PROVA DI COMPRENSIONE DELL'ASCOLTO

C.1 Ascoltare i messaggi di segreterie telefoniche da 1 a 4.
Indicare nel **Foglio delle Risposte**, vicino al numero del messaggio, la lettera A, B o C corrispondente alla risposta scelta.
Ascolterete i testi due volte.

Esempio di risposta:

C.1		
0	A	**B**	C

 Traccia 7/8

1   La persona che telefona desidera

      A   comperare un appartamento
      B   fissare un appuntamento
      C   mettere un annuncio per una casa

2   Roberta telefona alla mamma

      A   per sapere se sta bene
      B   per chiedere un favore
      C   per uscire insieme

3   Il signor Mario chiama il dottore perché

      A   continua a stare male
      B   vuole un appuntamento
      C   desidera un'informazione

4   Marina vuole

      A   andare a mangiare fuori
      B   organizzare una cena
      C   un aiuto per cucinare

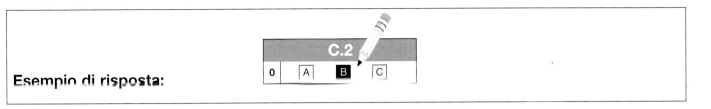

C.2 Ascoltare i testi delle notizie da 5 a 8. Indicare nel **Foglio delle Risposte**, la lettera A, B o C corrispondente alla risposta scelta. Ascolterete i testi due volte.

Esempio di risposta:

	C.2		
0	A	**B**	C

 **Traccia 9**

5 È un invito a visitare

- A   un negozio
- B   un mercato
- C   una mostra

6 La notizia è

- A   un consiglio per turisti
- B   una proposta di viaggio
- C   un'offerta di lavoro

7 Il testo riguarda

- A   l'uscita di un nuovo libro per bambini
- B   un nuovo modo di scrivere le favole
- C   il successo ottenuto dalle fiere del libro

8 L'uso di vitamine

- A   è sconsigliato dai medici
- B   deve essere continuo
- C   è un'abitudine diffusa

 **Ascoltare i due testi.**

1° testo

Il testo è un'intervista a un giovane fotografo. Non tutte le affermazioni da 9 a 23 sono presenti nel testo. Indicare nel **Foglio delle Risposte**, vicino al numero dell'affermazione,

Sì se è presente

No se non è presente.

Ascolterete il testo una sola volta.

Esempio di risposta:

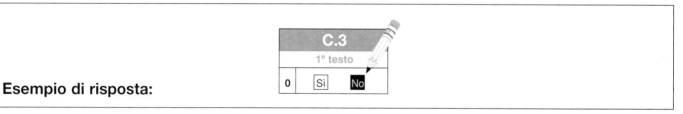

Traccia 10

9 È stato un regalo dei miei genitori

10 Ho studiato per imparare la tecnica

11 Fotografavo soprattutto persone

12 Oggi invece mi sono specializzato

13 Avevo realizzato foto particolari

14 Sono sempre io a decidere il servizio

15 Ognuna rappresenta un momento irripetibile

16 È legata ad un fatto personale

17 Ho fatto tante foto a mia figlia

18 È un ricordo che fa parte della mia vita

19 Oramai sono un fotografo conosciuto

20 Le spese mensili sono tante

21 È importante fare un lavoro che ci piace

22 Molte persone non sono fortunate

23 Ho deciso di cambiare lavoro

2° testo

Il testo tratta dell'influenza. Non tutte le affermazioni da 24 a 33 sono presenti nel testo.

LE AFFERMAZIONI RIPORTANO IL CONTENUTO DEL TESTO SENZA RIPETERE
NECESSARIAMENTE LE STESSE PAROLE.

Indicare nel Foglio delle Risposte, vicino al numero dell'affermazione,

Sì se è presente

No se non è presente.

Ascolterete il testo due volte.

Esempio di risposta:

 **Traccia 11**

24 I fiori e le piante possono provocare dei fastidi

25 Novembre è il mese più freddo

26 Si potrebbero avere seri problemi

27 Non c'è una cura ad effetto immediato

28 Il medico deve visitare il malato molto spesso

29 Il vaccino antinfluenzale è consigliato a tutti

30 Gli antibiotici vanno presi sempre

31 L'influenza si trasmette facilmente

32 I luoghi chiusi vanno evitati

33 La febbre di solito scompare dopo 24 ore

Roberta Rondoni

Fogli delle Risposte

2°

UNIVERSITÀ PER STRANIERI DI PERUGIA
CENTRO PER LA VALUTAZIONE E LA CERTIFICAZIONE LINGUISTICA
Livello B1 **CELI2**
Foglio delle Risposte

A L T E

**1°
Fascicolo**

Cognome

Nome

Firma del candidato (leggibile)

Istruzioni per le sezioni   A.1   A.2   A.3   A.4   C.1   C.2   C.3

Indicare una sola risposta.

Usare la matita per indicare la risposta scelta.
Annerire completamente la casella corrispondente, così:

0   A   **B**

Usare la gomma per cancellare
solo in casi eccezionali.

0   A   B

Istruzioni per la sezione   A.5   B.1

Usare la matita.
Scrivere la risposta in maniera chiara e
leggibile nello spazio vicino al numero, così:

0   esempio

Usare la gomma per cancellare
solo in casi eccezionali.

0   esem

Istruzioni per le sezioni   B.2   B.3

Usare la matita.
Scrivere in maniera chiara e
leggibile nello spazio a disposizione.

esempio

Usare la gomma per cancellare
solo in casi eccezionali.

esem

PARTE A   **Prova di Comprensione della Lettura**

Risposte

A.1			
1	A	B	C
2	A	B	C
3	A	B	C
4	A	B	C
5	A	B	C
6	A	B	C
7	A	B	C

A.2		
8	Sì	No
9	Sì	No
10	Sì	No
11	Sì	No
12	Sì	No
13	Sì	No
14	Sì	No
15	Sì	No
16	Sì	No
17	Sì	No

A.3				
18	A	B	C	D
19	A	B	C	D
20	A	B	C	D
21	A	B	C	D
22	A	B	C	D

A.4			
23	A	B	C
24	A	B	C
25	A	B	C
26	A	B	C
27	A	B	C
28	A	B	C
29	A	B	C
30	A	B	C
31	A	B	C
32	A	B	C

A.5	Non scrivere qui	
33		
34		
35		
36		
37		

Girare il foglio →

UNIVERSITA PER STRANIERI DI PERUGIA
CENTRO PER LA VALUTAZIONE E LA CERTIFICAZIONE LINGUISTICA
Livello B1 **CELI2**
Foglio delle Risposte

A L T E

1°
Fascicolo

PARTE B　　　　**Prova di Produzione di Testi Scritti**

Risposte

B.1

1

2

3

4

5

6

7

8

9

B.2

Facsimile

Non scrivere sotto questa linea

B.1

| 0 | 1 | 2 | 3 | 4 | 5 |

B.2

| 0 | 1 | 2 | 3 | 4 | 5 | 6 | 7 |

| 8 | 9 | 10 | 11 | 12 | 13 | 14 | 15 |

UNIVERSITÀ PER STRANIERI DI PERUGIA

CENTRO PER LA VALUTAZIONE E LA CERTIFICAZIONE LINGUISTICA

Livello B1 **CELI2**

Foglio delle Risposte

A L T E

1°
Fascicolo

Cognome

Nome

Firma del candidato (leggibile)

| **PARTE B** | **Prova di Produzione di Testi Scritti** |

Risposte

B.3

Girare il foglio

Non scrivere sotto questa linea

B.3

| 0 | 1 | 2 | 3 | 4 | 5 | 6 | 7 | 8 | 9 | 10 | 11 | 12 | 13 | 14 | 15 | 16 | 17 | 18 | 19 | 20 |

UNIVERSITA PER STRANIERI DI PERUGIA
CENTRO PER LA VALUTAZIONE E LA CERTIFICAZIONE LINGUISTICA
Livello B1 **CELI2**
Foglio delle Risposte

A L T E

2°
Fascicolo

PARTE C　　　　　　**Prova di Comprensione dell'Ascolto**

Risposte

C.1

1	A	B	C
2	A	B	C
3	A	B	C
4	A	B	C

C.2

5	A	B	C
6	A	B	C
7	A	B	C
8	A	B	C

C.3
1° Testo

9	Sì	No
10	Sì	No
11	Sì	No
12	Sì	No
13	Sì	No
14	Sì	No
15	Sì	No
16	Sì	No
17	Sì	No
18	Sì	No
19	Sì	No
20	Sì	No
21	Sì	No
22	Sì	No
23	Sì	No

C.3
2° Testo

24	Sì	No
25	Sì	No
26	Sì	No
27	Sì	No
28	Sì	No
29	Sì	No
30	Sì	No
31	Sì	No
32	Sì	No
33	Sì	No

Roberta Rondoni

Prova di
Produzione Orale

- Foto da descrivere
- Foto per il compito comunicativo

2°

FOTO DA DESCRIVERE

FOTO PER IL COMPITO COMUNICATIVO

Un/a Suo/a amico/a italiano/a Le ha proposto di andare in vacanza insieme al mare perché
è un/a appassionato/a di tutti gli sport d'acqua.
Lei, prima di accettare, gli/le propone delle alternative, altri luoghi dove fare altri tipi di sport
e divertirvi ugualmente tanto.

Roberta Rondoni

Chiavi e trascrizione
dei testi registrati

2°

CHIAVI

A1	1.C	2.B	3.C	4.A	5.A	6.C	7.B

A.2	SÌ:	10	13	14	15	17
	NO:	8	9	11	12	16

A.3	18.C	19.D	20.A	21.B	22.C

A.4	23.B	24.A	25.C	26.A	27.B	28.A	29.C	30.C
	31.B	32. A						

A.5	33. lo	34. te ne	35. glielo	36. ci	37. ne

C.1	1.A	2.B	3.C	4.B

C.2	5.C	6.A	7.B	8.C

C.3	1° TESTO	SÌ:	9	12	13	15	16	18	19	21
		NO:	10	11	14	17	20	22	23	
	2°TESTO	SÌ:	24	26	27	31	32			
		NO:	25	28	29	30	33			

 **Traccia 7/8**

TRASCRIZIONE DEI TESTI REGISTRATI PER LA PROVA
DI COMPRENSIONE DELL'ASCOLTO

M = VOCE MASCHILE   F = VOCE FEMMINILE

M Seconda unità di esercitazione per il conseguimento del CELI 2 – Certificato di conoscenza della lingua italiana – Livello 2
Prova di Comprensione dell'Ascolto

Il candidato ha un minuto di tempo a sua disposizione per scorrere brevemente i test proposti nel fascicolo.

F Inizio della prova
C.1

Ascolterete ora dei messaggi di segreterie telefoniche. Ascoltate attentamente e svolgete l'attività indicata nel foglio.
I messaggi vanno ascoltati due volte.

M 1) Pronto, buongiorno, mi chiamo Carlo Rossi e telefono per l'annuncio che ho letto sul giornale. Sto cercando una casa e sono interessato all'acquisto del vostro appartamento però ho bisogno di qualche informazione Mi potete richiamare allo 050-465798? Grazie.

F 2) Ciao mamma, sono Roberta. Oggi pomeriggio devo uscire e non so a chi lasciare il bambino perché la baby-sitter sta male. Mi faresti il piacere di tenerlo tu? Fammi sapere. Grazie mamma.

M 3) Buongiorno dottore, sono Mario Bianchi. Sto prendendo le medicine che mi ha dato per il mio problema alla schiena e va un po' meglio. Però ho bisogno di sapere per quanto tempo devo continuare la cura. La richiamo più tardi. Grazie.

F 4) Ciao Paolo, sono Marina. Ti chiamo per invitarti a cena domani sera a casa mia per festeggiare il compleanno di mio marito. Saremo in sette e cucinerò il pesce. Se puoi venire richiamami. A presto.

 **Traccia 9**

F   C.2

Ascolterete ora alcune notizie. Ascoltate attentamente e svolgete l'attività indicata nel foglio. Le notizie vanno ascoltate due volte.

M   5) Come ogni anno, presso il più grande centro fiere del nord Italia, saranno in esposizione mobili classici e moderni, tessuti, tende da interni ed esterni, articoli per la tavola, per il giardino, gioielli, porcellane e tanto altro ancora. Uno sguardo a 360 gradi su tantissimi prodotti, prezzi e tendenze di oggi. Venite a visitarci.

F   6) Un'idea per riempire una giornata di primavera lontano dal lavoro? Una gita in barca sul fiume Tevere per conoscere meglio Roma, i suoi 25 ponti e le spiaggette e magari fermarsi a mangiare in una delle tante barche trasformate in ristoranti.

M   7) Le favole e i racconti per bambini hanno sempre avuto un lieto fine. Da oggi però questa regola classica non è più fissa. Infatti nelle varie fiere nazionali di libri per bambini e per adulti, vengono proposte favole in cui, a volte, il finale non è proprio come ci si immagina.

F   8) Moltissime persone prendono spesso integratori alimentari e vitamine per avere più energia. Questo fatto non è negativo in senso assoluto ma, come per tutte le cose, non bisogna esagerare. Occorre rispettare le quantità consigliate nelle istruzioni o dal medico e non usare questi prodotti per un periodo di tempo troppo lungo perché possano avere effetti negativi.

Traccia 10

M C.3

1° testo

Ascolterete ora un testo che tratta di un giovane fotografo. Durante l'ascolto svolgete l'attività indicata nel foglio.
Il testo va ascoltato una sola volta

F Vincenzo Ronti è un giovane fotografo conosciuto per le sue splendide fotografie. Vincenzo, ci parli del suo lavoro.

M La prima volta che ho preso in mano una macchina fotografica avevo 16 anni. È stato un regalo dei miei genitori per il mio compleanno. Andavo ancora a scuola e dovevo studiare parecchio ma appena avevo tempo libero scattavo foto, anche se non avevo ancora nessuna esperienza e nemmeno la tecnica.

F Cosa fotografava?

M Di tutto; fiori, animali, persone, paesaggi, oggetti, tutto quello che avevo davanti agli occhi, ma in particolare preferivo fermare sul fotogramma scene di vita. Oggi invece mi sono specializzato. Faccio reportage naturalistici per delle riviste specialistiche.

F È lei a proporre il materiale che realizza?

M A volte è capitato; ad esempio al ritorno da viaggi di piacere durante i quali avevo realizzato foto particolari. Altrimenti, nella maggior parte dei casi, sono le redazioni delle riviste a decidere e a commissionarmi il servizio.

F La sua foto più bella?

M Per me lo sono tutte. Ognuna rappresenta un momento irripetibile. Comunque se devo scegliere, ho una foto a cui sono particolarmente affezionato che non è legata al lavoro ma è legata ad un fatto personale; è la prima foto che ho scattato a mia figlia, un minuto dopo la sua nascita.

F E la foto che non rifarebbe?

M Anche in questo caso non c'è, perché ogni foto è un ricordo che fa parte della mia vita, e non importa se è bello o brutto perché, comunque, mi ha lasciato un'emozione.

F Si guadagna bene?

M Oggi posso dire di sì perché oramai sono un fotografo conosciuto, ho una certa esperienza e posso chiedere compensi più alti. Ma non è sempre stato così. All'inizio ciò che guadagnavo in un mese non mi bastava a coprire le spese. Sicuramente è importante guadagnare bene ma, secondo me, è importante fare un lavoro che ci piace e, in questo, devo dire di essere molto fortunato. Lavoro con passione, mi diverto e non vorrei fare niente di diverso.

 **Traccia 11**

F **2° testo**

Ascolterete ora un testo che tratta dell'influenza. Ascoltate attentamente e svolgete l'attività indicata nel foglio.
Il testo va ascoltato due volte.

M Il cambiamento di stagione porta con sé aspetti positivi ma anche qualche problema. Ad esempio, la primavera oltre alle giornate più lunghe e calde, provoca in molte persone l'allergia ai pollini delle piante e dei fiori. L'arrivo del freddo dell'inverno, invece, "mette a letto" mezzo paese. Ogni anno, infatti, tra novembre e dicembre, arriva puntuale l'influenza, con febbre, raffreddore, tosse, dolori muscolari e mal di testa. L'influenza non è una malattia grave o pericolosa ma non deve essere trascurata altrimenti si possono avere brutte complicazioni. Per curare l'influenza non ci sono medicine per guarire subito: occorre solo avere pazienza perché la febbre deve avere il suo corso. Inoltre occorre stare a riposo 3 o 4 giorni, bere molto e prendere dei medicinali contro la febbre dopo aver parlato, però, con il medico.
Le persone anziane, sopra i 65 anni, sono più a rischio; per questo, a loro, i medici consigliano di fare il vaccino antinfluenzale un po' di tempo prima dell'inizio del periodo critico previsto. Se prendono ugualmente l'influenza, devono ricorrere agli antibiotici ma solo se la febbre dura più di 36 ore.
Inoltre l'influenza è una tra le malattie più contagiose; infatti basta stare vicino ad una persona malata per ammalarci a nostra volta. Quindi, è importante evitare il contatto con persone già influenzate ed anche evitare i luoghi molto chiusi e affollati che sono un ricettacolo del virus.
L'ultima raccomandazione è quella di uscire di casa soltanto quando la febbre è scomparsa da almeno 24 ore.

F **FINE DELLA PROVA**

Maria Valentina Marasco

Terza unità
di esercitazione

3°

A L T E

Università Per Stranieri Di Perugia
Centro per la Valutazione e la Certificazione Linguistica

Livello B1 CELI 2

CERTIFICATO DI CONOSCENZA DELLA
LINGUA ITALIANA
Sessione di

PARTE A	**Prova di Comprensione della Lettura**

(PUNTEGGIO DELLA PROVA: 40 PUNTI)

PARTE B	**Prova di Produzione di Testi Scritti**

(PUNTEGGIO DELLA PROVA: 40 PUNTI)

TEMPO: 2 ORE

ATTENZIONE: MOLTO IMPORTANTE

Seguire esattamente le istruzioni.
Scrivere in modo chiaro e leggibile con la matita
nel Foglio delle Risposte.

PARTE A   PROVA DI COMPRENSIONE DELLA LETTURA

A.1 Leggere i testi da 1 a 7. Indicare nel **Foglio delle Risposte**, vicino al numero del testo, la lettera A, B, o C corrispondente alla risposta scelta.

Esempio:

0	Ti sei macchiato il vestito con la frutta o con il vino? Usa l'acqua con il cloro. Ti sei macchiato la camicia con il grasso? Usa acqua e sapone. Ti sei macchiato la maglia con l'inchiostro? Usa il sale con il succo di limone.

Questi sono

- A   suggerimenti sui tessuti
- B   consigli utili da seguire
- C   modalità d'uso dei prodotti

Esempio di risposta:

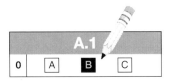

---

1   Evitare di spruzzare il prodotto direttamente su tessuti, divani, tende. Non usare in quantità eccessiva e orientare verso l'alto. L'effetto "Essenze di Natura" durerà a lungo nell'aria.

Uso questo prodotto per

- A   eliminare le macchie
- B   profumare l'ambiente
- C   spolverare i mobili

2   Giunto alla sua terza edizione dal 7 ottobre ritorna "Buongiorno Italia". Ogni mattina, come sempre dalle 7.00 alle 9.00, Arianna Carini condurrà il programma a fianco del giovane Massimiliano Bini. Insieme ci terranno compagnia con tanta musica, giochi, ospiti famosi, attualità e da quest'anno anche con l'interessante rubrica dedicata alla medicina.

Dall'autunno prossimo il programma:

- A   avrà un solo conduttore
- B   andrà in onda più tardi
- C   parlerà di argomenti nuovi

3 Laura ha scritto al giornale: *"Nell'estate del 1992 a Roma ho conosciuto un ragazzo olandese con cui sono stata in contatto fino al 1994. Dopo l'ultima lettera che gli ho spedito non ho avuto più sue notizie. Si chiama Gys Wittenboer, abitava a Boxtel, lavorava in un'agenzia di viaggi, suonava il pianoforte. Forse voi potete aiutarmi..."*

Laura scrive al giornale

A	per raccontare la sua storia
B	per avere un consiglio
C	per ritrovare una persona

4 Erica: "Mio figlio si è sposato a Los Angeles e vive lì con la moglie. Tra poco verranno a trovarci, e mio marito ed io vorremmo organizzare una festa, ma non saprei dove."
Carla: "Io cercherei un locale in campagna ed inviterei solo gli amici più cari e i parenti più stretti. Una festa troppo affollata e formale potrebbe non piacere agli sposi."

Erica chiede consiglio a Carla su

A	come organizzare il matrimonio del figlio
B	come comportarsi con la nuora ospite a casa
C	come preparare un piccolo ricevimento

5 Dal prossimo 4 aprile i ragazzi delle scuole potranno acquistare, ogni lunedì e martedì, un biglietto del cinema a metà prezzo per i primi due spettacoli del pomeriggio. Il costo delle entrate si aggirerà tra i 3 ed i 4 euro, la metà della normale tariffa. Saranno 52 le sale a Roma che apriranno le porte agli studenti di età compresa tra gli 11 e i 18 anni.

Lo sconto è valido

A	in tutti i cinema della città
B	solo per alcuni spettacoli
C	anche nei giorni festivi

6 Quale di questi libri Lei regalerebbe ad un/a Suo/a amico/a che oltre ad essere un appassionato della storia dell'arte italiana è anche un amante del thriller?

LA NASCITA DI VENERE	LUCI NELLA NOTTE	LA RAGAZZA FRANCESE
La Firenze descritta in questo romanzo è bellissima, piena di colori e di voci. La lettura è appassionante per chi ama la storia del Rinascimento, ma anche per chi ama le storie d'amore. Infatti, oltre alle vicende della città, l'autrice racconta l'amore difficile fra una fanciulla e un giovane pittore e la sua grande passione per l'arte.	Ambientato nella Roma del 1514. La città è al suo massimo splendore, ma dietro alle opere d'arte si compiono una serie di omicidi. Sul mistero indagano un artista, non ancora famoso in città e il suo giovane amico: tra codici e biblioteche scopriranno un grande complotto politico.	Una coppia francese parte in macchina per andare a trovare i figli in una cittadina della Spagna. Il traffico lungo la strada e qualche fermata prolungano il loro viaggio e quello che doveva essere una tranquilla vacanza si trasforma in un fine-settimana di paura. Piena di fascino la figura del commissario.

A la nascita di Venere

B luci nella notte

C la ragazza francese

7 FURTO NELLA VILLA DI UN FAMOSO REGISTA

In due la scorsa notte sono riusciti ad entrare nell'abitazione dalla finestra del giardino. Il regista, che era in casa e stava riposando, si è svegliato perché ha sentito alcuni rumori. Istintivamente si è alzato e ha cominciato a gridare. Così la coppia è stata costretta a fuggire. I ladri sono comunque riusciti a portare via un orologio prezioso ed alcuni gioielli. Il regista ha subito dato l'allarme alla polizia; in poco tempo degli agenti sono arrivati sul posto, ma dei ladri non c'era più traccia.

I ladri

A sono fuggiti all'arrivo della polizia

B hanno rubato oggetti di valore

C hanno agito silenziosamente

A.2 Leggere il testo. Non tutte le affermazioni da 8 a 17 sono presenti nel testo.
Indicare nel Foglio delle Risposte, vicino al numero dell'affermazione,

Sì se è presente

No se non è presente

Esempio di risposta:

IL TRENO È IN RITARDO E IO SONO FELICE

"Quando c'è uno sciopero o il treno arriva in ritardo sono felice" dice Marco P., 19 anni, studente al primo anno di Economia e Commercio alla Statale di Milano. "È comodo soprattutto quando la mattina ho una lezione di statistica. Alla mia facoltà non è obbligatorio frequentare, quindi non servirebbero scuse per non andare a lezione, ma quando l'ostacolo è reale sono più tranquillo: il treno era in ritardo, rotto o bloccato; il professore può leggerlo sul giornale. Perdere qualche volta una lezione non è un problema, perché c'è sempre qualche studente disposto a passarti gli appunti.

Il paese dove abito non ha la stazione; da lì partono solo i pullman, che purtroppo impiegano ore per arrivare a Milano. È un modo noioso di viaggiare e quindi preferisco arrivare in auto alla stazione più vicina ed aspettare il primo treno che passa.

Più difficile diventa quando ho un esame. Cerco sempre di non iscrivermi tra i primi e calcolo almeno venti minuti di ritardo. Se l'esame è alle 9,30, prendo il treno alle 7,40, per arrivare in tempo all'Università. Saltare l'esame sarebbe insopportabile".

8	Marco dichiara di essere contento di arrivare tardi all'Università
9	Marco spiega i motivi per cui non ama le lezioni di statistica
10	Marco dice che bisogna seguire tutte le lezioni all'Università
11	Marco dice di essere preoccupato quando perde una lezione
12	Marco afferma di aver perso molte ore di lezione a causa dei ritardi
13	Marco dice che i suoi colleghi danno facilmente gli appunti
14	Marco dichiara che con il pullman ci vuole più tempo ad arrivare a Milano
15	Marco afferma di voler essere il primo a dare l'esame
16	Marco indica il tempo abitualmente necessario per arrivare all'Università
17	Marco dice di calcolare bene i tempi il giorno dell'esame

A.3 Completare le frasi da 18 a 22 con la parola opportuna tra le quattro proposte. Una sola è la scelta possibile. Indicare nel **Foglio delle Risposte**, vicino al numero della frase, la lettera A, B, C, o D corrispondente alla parola scelta.

Esempio di risposta:

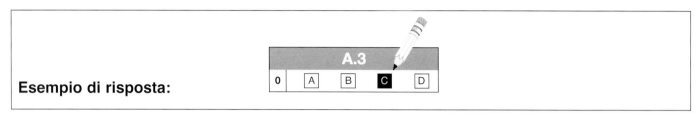

18   Mi ha regalato un maglione rosso …(18)… sa che non mi piace

     A   se

     B   né

     C   eppure

     D   invece

19   Non capisco …(19)… ha fatto a saperlo

     A   se

     B   che

     C   quando

     D   come

20   A volte è insopportabile, …(20)… sua madre lo dice

     A   ma

     B   perfino

     C   eppure

     D   che

21   Non possiamo aiutarti …(21)… darti un consiglio

     A   anche

     B   invece

     C   né

     D   affinché

22   …(22)… esce, correte a comprarlo

     A   come

     B   appena

     C   finché

     D   eppure

A.4 Completare il testo. Scegliere la parola opportuna tra quelle proposte da 23 a 32. Indicare nel **Foglio delle Risposte**, vicino ad ogni numero, la lettera A, B o C corrispondente alla parola scelta.

Esempio di risposta:

A.4			
0	A	**B**	C

UN VIAGGIO NEI CIELI

Volete provare nuove emozioni? Regalatevi una gita in mongolfiera. È un modo .....(23)..... per scoprire dal cielo i paesaggi più belli dell'Europa e del mondo.

I voli sono al mattino presto o la sera verso il tramonto, ...(24)...... l'aria è fresca ed il pallone sale .....(25)..... maggiore facilità. L'avventura .....(26)..... a terra, quando i passeggeri aiutano il pilota nelle operazioni di preparazione. Dopo una fatica minima, il pilota e i passeggeri salgono .....(27)....., prima che l'enorme e leggerissimo pallone colorato cominci ad alzarsi nell'aria: è emozionante guardare .....(28)..... alto i fiumi, le colline, i laghi e le montagne.

Quando arriva il .....(29)..... di scendere a terra il pilota chiama con la radio la base e .....(30).... pochi minuti arrivano le jeep a riprendere i passeggeri, ...(31)..... prima però di aver brindato, come da .....(32)....., con un buon vino o un buono spumante.

23	A	unico	B	solo	C	migliore
24	A	come	B	quando	C	dove
25	A	con	B	per	C	da
26	A	parte	B	è	C	comincia
27	A	velocemente	B	attentamente	C	difficilmente
28	A	dal	B	dall'	C	da
29	A	istante	B	momento	C	minuto
30	A	fra	B	dopo	C	per
31	A	né	B	neanche	C	non
32	A	uso	B	costume	C	tradizione

A.5 Completare le frasi da 33 a 37 con i pronomi opportuni.

Scrivere nel Foglio delle Risposte i pronomi vicino al numero della frase da 33 a 37.

Esempio di risposta:

	A.5
0	*esempio* ▶

33 Avevamo ordinato del vino bianco e ....(33).... ha portato un litro rosso.

34 Amo quest'autore. Quando avrai finito di leggere il suo nuovo libro, ...(34).... presti?

35 Le scarpe di Marco, ...(35).... ho cambiate perché erano strette.

36 ....(36).... speravo, ma non credevo sarebbe andata così.

37 Signora, questo servizio ...(37).... offre dei fantastici sconti.

PARTE B   PROVA DI PRODUZIONE DI TESTI SCRITTI

B.1 Rispondere al questionario. Scrivere nel Foglio delle Risposte, vicino al numero della domanda da 1 a 9.

Esempio di risposta:

B. 1
0	*esempio* ▶

IL COMUNE DI BORGOBELLO PRESENTA IL CINEMA SOTTO LE STELLE

Ci piacerebbe sapere che cosa pensa a proposito della nuova iniziativa estiva del cinema all'aperto. Il Suo giudizio ci aiuterà a migliorare le prossime edizioni.

1   Quanti film ha visto in questa stagione?

2   Come ha saputo della nostra iniziativa?

3   Che pensa dei film che abbiamo selezionato?

4   Ha trovato interessanti gli incontri con i registi?

5   Ci sono altri film che avrebbe voluto vedere?

6   Quali film Le sono piaciuti di più?

7   Quali film Le sono piaciuti di meno?

8   Cosa pensa delle riduzioni offerte ai possessori della "carta effetto notte"?

9   Pensa di acquistarla in futuro?

B.2 Scrivere un annuncio.
Scrivere nello spazio riservato a B.2 nel Foglio delle Risposte

(Usare circa 50 parole)

Lei si trova in Italia per un periodo e vorrebbe guadagnare qualcosa tenendo dei bambini. Lei scrive un annuncio nel giornale locale.

Nell'annuncio:
- si presenta brevemente
- dà indicazioni sulla Sua disponibilità
- spiega come mettersi in contatto con Lei

Scrivere nel
Foglio delle Risposte

B.3 Scrivere una lettera.
Scrivere nello spazio riservato a B.3 nel Foglio delle Risposte

(Da un minimo di 90 ad un massimo di 100 parole)

Ultimamente Le hanno regalato un libro che Le è piaciuto moltissimo. Scrive una lettera ad un amico italiano e gliene parla.

Nella lettera
- racconta brevemente di cosa parla il libro
- spiega perché Le è piaciuto
- consiglia all'amico di leggerlo

Scrivere nel
Foglio delle Risposte

Università Per Stranieri Di Perugia
Centro per la Valutazione e la Certificazione Linguistica

Livello B1 CELI 2

CERTIFICATO DI CONOSCENZA DELLA
LINGUA ITALIANA
Sessione di

PARTE C	Prova di Comprensione dell'Ascolto

(PUNTEGGIO DELLA PROVA: 40 PUNTI)

TEMPO: 20 MINUTI

ATTENZIONE: MOLTO IMPORTANTE

Seguire esattamente le istruzioni.
Scrivere in modo chiaro e leggibile con la matita
nel Foglio delle Risposte.

PARTE C   PROVA DI COMPRENSIONE DELL'ASCOLTO

C.1 Ascoltare i messaggi di segreterie telefoniche da 1 a 4.

Indicare nel **Foglio delle Risposte**, vicino al numero del messaggio, la lettera A, B o C. corrispondente alla risposta scelta.

Ascolterete i testi due volte.

Esempio di risposta:

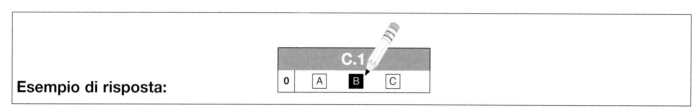

 Traccia 12/13

1   Marco dice che bisogna

- A   spostare la partita
- B   informare i giocatori
- C   prenotare il campo

2   Elisa vuole

- A   restituire un maglione
- B   comprare un maglione
- C   ritrovare un maglione

3   Simona

- A   vuole fare il regalo da sola
- B   propone all'amica la sua idea
- C   è disposta a spendere molto

4   Il Signore

- A   dice che guasto ha la macchina
- B   vuole riparare il pezzo rotto
- C   ordina una nuova fotocopiatrice

C.2 Ascoltare i testi delle notizie da 5 a 8. Indicare nel **Foglio delle Risposte**, la lettera A, B o C corrispondente alla risposta scelta. Ascolterete i testi due volte.

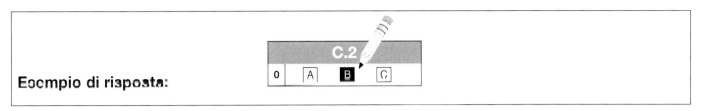

Esempio di risposta:

	C.2		
0	A	**B**	C

Traccia 14

5 L'iniziativa promuove

- A   un circo
- B   una scuola
- C   un teatro

6 I partecipanti potranno

- A   visitare monumenti poco conosciuti
- B   assistere ad una festa in un castello
- C   avere sconti speciali sui biglietti

7 Questo annuncio è per chi

- A   cerca una vacanza particolare
- B   vuole visitare un tipico paese siciliano
- C   desidera un po' di relax e tranquillità

8 Per poter pedalare nel parco è necessario

- A   pagare l'ingresso
- B   mostrare un documento
- C   noleggiare le biciclette

C.3 Ascoltare i due testi.

1° testo

Il testo è un'intervista ad un'impiegata che ama stare con i bambini. Non tutte le affermazioni da 9 a 23 sono presenti nel testo. Indicare nel **Foglio delle Risposte**, vicino al numero dell'affermazione,

Sì se è presente

No se non è presente.
Ascolterete il testo una sola volta.

Esempio di risposta:

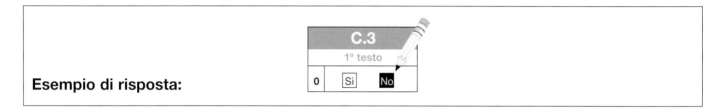

Traccia 15

9 ha una passione per il suo lavoro

10 sta con i bambini di una scuola

11 le lezioni cominciano alle 8.30

12 i bambini preferiscono giocare fuori

13 una volta abbiamo visto la TV

14 hanno organizzato uno spettacolo

15 trovo a scuola tutto quello che mi serve

16 con gli scatoloni costruiamo le case

17 qualche volta non trovo le idee

18 la scuola è a tempo pieno

19 le mie giornate sono intense

20 arrivo in ufficio sempre in ritardo

21 un'ora con i bambini mi mette allegria

22 il gioco per i bambini è importante

23 con loro mi sento molto meglio

C.3

2° testo

Il testo è un'intervista a un pittore italiano. **Non tutte le affermazioni da 24 a 33 sono presenti nel testo.**

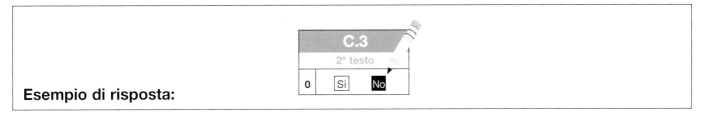

LE AFFERMAZIONI RIPORTANO IL CONTENUTO DEL TESTO SENZA RIPETERE NECESSARIAMENTE LE STESSE PAROLE.

Indicare nel **Foglio delle Risposte**, vicino al numero dell'affermazione,

Sì se è presente

No se non è presente.

Ascolterete il testo due volte.

Esempio di risposta:

C.3		
2° testo		
0	Sì	No

 **Traccia 16**

24   da allievo dipingevo molte ore fuori

25   sono spesso all'estero per lavoro

26   la mia passione per la pittura è nata da piccolo

27   ricordo che mia madre amava molto i fiori

28   da bambino osservavo mia madre dipingere

29   esprimo le mie emozioni con i colori

30   preparo i colori con molto anticipo

31   scelgo sempre colori forti per i miei quadri

32   nel mio lavoro è importante la tecnica

33   dipingo solo con la luce naturale

Maria Valentina Marasco

Fogli delle Risposte

3°

UNIVERSITA PER STRANIERI DI PERUGIA
CENTRO PER LA VALUTAZIONE E LA CERTIFICAZIONE LINGUISTICA
Livello B1 **CELI2**
Foglio delle Risposte

A L T E

**1°
Fascicolo**

Cognome

Nome

Firma del candidato (leggibile)

Istruzioni per le sezioni | A.1 | A.2 | A.3 | A.4 | C.1 | C.2 | C.3 |

Indicare una sola risposta.

Usare la matita per indicare la risposta scelta.
Annerire completamente la casella corrispondente, così:

`0  A  B`

Usare la gomma per cancellare
solo in casi eccezionali.

`0  A  B`

Istruzioni per la sezione | A.5 | B.1 |

Usare la matita.
Scrivere la risposta in maniera chiara e
leggibile nello spazio vicino al numero, così:

`0  esempio`

Usare la gomma per cancellare
solo in casi eccezionali.

`0  esem`

Istruzioni per le sezioni | B.2 | B.3 |

Usare la matita.
Scrivere in maniera chiara e
leggibile nello spazio a disposizione.

esempio

Usare la gomma per cancellare
solo in casi eccezionali.

esem

PARTE A   Prova di Comprensione della Lettura

Risposte

A.1			
1	A	B	C
2	A	B	C
3	A	B	C
4	A	B	C
5	A	B	C
6	A	B	C
7	A	B	C

A.2		
8	Sì	No
9	Sì	No
10	Sì	No
11	Sì	No
12	Sì	No
13	Sì	No
14	Sì	No
15	Sì	No
16	Sì	No
17	Sì	No

A.3				
18	A	B	C	D
19	A	B	C	D
20	A	B	C	D
21	A	B	C	D
22	A	B	C	D

A.4			
23	A	B	C
24	A	B	C
25	A	B	C
26	A	B	C
27	A	B	C
28	A	B	C
29	A	B	C
30	A	B	C
31	A	B	C
32	A	B	C

A.5		Non scrivere qui	
33			
34			
35			
36			
37			

Girare il foglio →

UNIVERSITA PER STRANIERI DI PERUGIA
CENTRO PER LA VALUTAZIONE E LA CERTIFICAZIONE LINGUISTICA
Livello B1 **CELI2**
Foglio delle Risposte

A L T E

PARTE B	Prova di Produzione di Testi Scritti

Risposte

B.1

i	
2	
3	
4	
5	
6	
7	
8	
9	

B.2

Facsimile

Non scrivere sotto questa linea

B.1

0	1	2	3	4	5

B.2

0	1	2	3	4	5	6	7
8	9	10	11	12	13	14	15

UNIVERSITÀ PER STRANIERI DI PERUGIA

CENTRO PER LA VALUTAZIONE E LA CERTIFICAZIONE LINGUISTICA

Livello B1 **CELI2**

Foglio delle Risposte

A L T E

**1°
Fascicolo**

Cognome

Nome

Firma del candidato (leggibile)

| **PARTE B** | **Prova di Produzione di Testi Scritti** |

Risposte

B.3

Facsimile

Girare il foglio ➜

Non scrivere sotto questa linea

B.3

| 0 | 1 | 2 | 3 | 4 | 5 | 6 | 7 | 8 | 9 | 10 | 11 | 12 | 13 | 14 | 15 | 16 | 17 | 18 | 19 | 20 |

UNIVERSITA PER STRANIERI DI PERUGIA
CENTRO PER LA VALUTAZIONE E LA CERTIFICAZIONE LINGUISTICA
Livello B1 **CELI2**
Foglio delle Risposte

A L T E

2° Fascicolo

PARTE C | Prova di Comprensione dell'Ascolto

Risposte

C.1

1	A	B	C
2	A	B	C
3	A	B	C
4	A	B	C

C.2

5	A	B	C
6	A	B	C
7	A	B	C
8	A	B	C

C.3
1° Testo

9	Sì	No
10	Sì	No
11	Sì	No
12	Sì	No
13	Sì	No
14	Sì	No
15	Sì	No
16	Sì	No
17	Sì	No
18	Sì	No
19	Sì	No
20	Sì	No
21	Sì	No
22	Sì	No
23	Sì	No

C.3
2° Testo

24	Sì	No
25	Sì	No
26	Sì	No
27	Sì	No
28	Sì	No
29	Sì	No
30	Sì	No
31	Sì	No
32	Sì	No
33	Sì	No

Maria Valentina Marasco

Prova di Produzione Orale

- Foto da descrivere
- Foto per il compito comunicativo

3°

FOTO DA DESCRIVERE

FOTO PER IL COMPITO COMUNICATIVO

Un Suo amico italiano ha deciso di venirLa a trovare. Le ha comunicato la data e l'ora del suo arrivo, ma Lei quel giorno sarà fuori città. Lo chiama, Si scusa, gli dice perché non potrà andare a prenderlo alla stazione e gli dà indicazioni utili su come arrivare a casa Sua e su cosa fare il primo giorno da solo.

Maria Valentina Marasco

Chiavi e trascrizione
dei testi registrati

3°

CHIAVI

A1   1.B   2.C   3.C   4.C   5.B   6.B   7.B

A.2   **SÌ:**   8   13   14   17
           NO: 9   10   11   12   15   16

A.3   18. C   19. D   20. B   21. C   22. B

A.4   23.A   24.B   25.A   26.C   27.A   28.B   29.B   30.B
           31.C   32.C

A.5   33. ce ne   34. me lo   35. le   36. ci   37. Le

C.1   1.A   2.C   3.B   4.C

C.2   5.B   6.A   7.A   8.B

C.3 **1° TESTO SÌ:**   10   14   16   19   21   23
                 NO: 9   11   12   13   15   17   18   20   22

         2°TESTO SÌ: 24   25   26   28   29   33
                 NO: 27   30   31   32

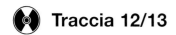 **Traccia 12/13**

TRASCRIZIONE DEI TESTI REGISTRATI PER LA PROVA DI COMPRENSIONE DELL'ASCOLTO

M = VOCE MASCHILE   F = VOCE FEMMINILE

M Terza unità di esercitazione per il conseguimento del CELI 2- Certificato di conoscenza della lingua italiana Livello 2
Prova di comprensione dell'Ascolto

Il candidato ha un minuto di tempo a sua disposizione per scorrere brevemente i test proposti nel fascicolo.

F Inizio della prova

C.1

Ascolterete ora dei messaggi di segreterie telefoniche. Ascoltate attentamente e svolgete l'attività indicata nel foglio.
I messaggi vanno ascoltati due volte.

M 1) Ciao sono Marco. Volevo dirti che la partita si giocherà sabato e non più domenica. Stessa ora e stesso posto. Ho chiamato anche gli altri e per loro non ci sono problemi. Ah, dimenticavo, ho già prenotato il campo.

F 2) Ciao Anna, sono Elisa. Ti ricordi quel maglione rosso che ho comprato due giorni fa; per caso l'ho lasciato nella tua macchina? Non so più dove cercarlo; se lo trovi, chiamami, passerei a prenderlo stasera.

F 3) Paola, sono Simona. Senti, per il regalo di Andrea, pensavo ad una camicia. Ne ho vista una molto bella in un negozio del centro e se non è troppo cara possiamo prendergli quella. Pensaci e poi richiamami, ciao.

M 4) Buongiorno, qui è l'ESAP e chiamo per dirLe che la fotocopiatrice dell'ufficio ha di nuovo un guasto. È la terza volta in quindici giorni che un tecnico viene a ripararla e ha già cambiato alcuni pezzi; avremmo quindi deciso di prenderne una nuova. Il modello è RICOGFR4257.

 **Traccia 14**

M   C.2

Ascolterete ora alcune notizie. Ascoltate attentamente e svolgete l'attività indicata nel foglio. Le notizie vanno ascoltate due volte.

F   5) Il mondo dei clown e degli acrobati vi piace? Ecco quello che fa per voi. Nasce a Torino il primo corso professionale per artisti di circo. Si studierà danza, musica e teatro comico. Non mancheranno lezioni di acrobatica e stage nei circhi più famosi.

F   6) Sabato 19 e domenica 20 marzo il Fai compie 30 anni e festeggia con la tradizionale Giornata di Primavera, giunta alla sua tredicesima edizione. In 190 località italiane si potranno scoprire gratuitamente 400 monumenti: torri, castelli e ville normalmente chiusi al pubblico. Un'occasione da non perdere!

M   7) Siete stanchi delle solite vacanze? Quest'estate il Club del Sole di Taormina organizza le "vacanze in giallo", ispirate ai romanzi più famosi di Agatha Christie. Sulle spiagge e nelle strade di una delle più famose e tipiche cittadine siciliane potrete essere voi i protagonisti di un thriller e girare un film con attori professionisti.

M   8) Siete amanti della bicicletta? Al Parco Nord di Milano si può pedalare in tranquillità. Basta presentarsi con un documento ogni giorno dalle 9.30 alle 12.00 e dalle 14.30 alle 17.00 alla Cascina Centro Parco e vi verranno date gratuitamente delle biciclette. L'ingresso è in Via Clerici 150 a Sesto San Giovanni. Buon divertimento!

 **Traccia 15**

F **C.3**

1° testo

Ascolterete ora un testo che tratta di un'impiegata che ama stare con i bambini. Durante l'ascolto svolgete l'attività indicata nel foglio. Il testo va ascoltato una sola volta.

M Grazie a lei i bimbi vanno a scuola con il sorriso. Annalisa Angelini è impiegata in una ditta di Torino e ogni mattina, prima di andare in ufficio, dalle 7,30 alle 8,30, <u>sta con i bambini di una scuola</u> elementare e gioca con loro prima delle lezioni.

F "In primavera è più facile, giochiamo fuori, ma quando fa freddo mi invento di tutto. Una volta ho portato una cornice di cartone e abbiamo fatto la tv: i più grandi <u>hanno organizzato uno spettacolo</u> e i piccoli, seduti, guardavano. Porto a scuola tutto quello che nel mio ufficio si butterebbe: <u>con gli scatoloni costruiamo le case</u> per le bambole, i mobili, quello che ci serve…. Basta dare l'idea e i bambini fanno il resto."

M Da tre anni, tutti i giorni Annalisa riesce a lavorare come volontaria e ad avere un lavoro a tempo pieno.

F "<u>Le mie giornate sono intense</u>; mi alzo alle 6, e alle 9, quando arrivo in ufficio, ho già preso sette mezzi fra autobus, tram e metrò, perché la scuola è lontana. Ma passare tutte le mattine <u>un'ora con i bambini mi mette allegria</u>. Mi piace vedere che si divertono, che imparano, giocando, che quello che faccio è importante. E poi, da quando sto <u>con loro, mi sento molto meglio</u>. Si vede che sto bene dentro…."

 **Traccia 16**

M **2° testo**

Ascolterete ora un testo che tratta di un pittore. Ascoltate attentamente e svolgete l'attività indicata nel foglio.
Il testo va ascoltato due volte.

F **Oggi parliamo con un giovane artista, Luigi De Giovanni, 40 anni, e una vita passata a dipingere. Ma ci parli di Lei?**

M Mi sono diplomato all'Accademia delle Belle Arti di Roma, dove ho avuto un bravissimo maestro Giuliano Avessian. Ricordo che con lui dipingevo all'aria aperta in campagna e studiavo la luce nei diversi momenti della giornata.
Oggi vivo tra Lecce e Roma, dove amo passare lunghi periodi dell'anno. Il mio lavoro mi porta a viaggiare molto; spesso sono a New York, Bruxelles e Tokyo.

F **Da dove nasce questa passione per la pittura?**

M È nata da bambino. Ricordo che da piccolo mia madre, Maria, dipingeva fiori su tessuti e io rimanevo le ore a guardarla e a fissare i colori. Era una sensazione che mi piaceva molto; vedevo che i colori potevano trasmettere messaggi forti.

F **I colori sono le sue parole...**

M Certo. Attraverso i colori comunico agli altri quello sono e quello che sento dentro.

F **Come sceglie ciascun colore?**

M Preparo i colori secondo le sensazioni e secondo la luce in quel preciso momento; se c'è una giornata di sole scelgo colori forti. Nel mio lavoro la luce è fondamentale e quando se ne va, io smetto di dipingere. Non dipingo mai con la luce artificiale, non mi piace, i colori sono falsati, innaturali.

F **FINE DELLA PROVA**

Tiziana Melani

Quarta unità
di esercitazione

4°

A L T E

Università Per Stranieri Di Perugia
Centro per la Valutazione e la Certificazione Linguistica

Livello B1 CELI 2

CERTIFICATO DI CONOSCENZA DELLA
LINGUA ITALIANA

Sessione di

PARTE A **Prova di Comprensione della Lettura**

(PUNTEGGIO DELLA PROVA: 40 PUNTI)

PARTE B **Prova di Produzione di Testi Scritti**

(PUNTEGGIO DELLA PROVA: 40 PUNTI)

TEMPO: 2 ORE

ATTENZIONE: MOLTO IMPORTANTE

Seguire esattamente le istruzioni.
Scrivere in modo chiaro e leggibile con la matita
nel Foglio delle Risposte.

PARTE A   PROVA DI COMPRENSIONE DELLA LETTURA

A.1 Leggere i testi da 1 a 7. Indicare nel **Foglio delle Risposte**, vicino al numero del testo, la lettera A, B, o C corrispondente alla risposta scelta.

Esempio:

0	Ti sei macchiato il vestito con la frutta o con il vino? Usa l'acqua con il cloro. Ti sei macchiato la camicia con il grasso? Usa acqua e sapone. Ti sei macchiato la maglia con l'inchiostro? Usa il sale con il succo di limone.

Questi sono

A   suggerimenti sui tessuti

B   consigli utili da seguire

C   modalità d'uso dei prodotti

Esempio di risposta:

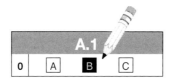

---

1   Gentile Cliente,

Grazie per il Suo tempo e per la Sua disponibilità. La nostra Banca da sempre risponde alle richieste dei clienti e accetta con entusiasmo tutti i suggerimenti per offrire un servizio utile ed efficiente. Per questo motivo abbiamo deciso di presentaLe questo questionario. Risponda con sincerità, i Suoi consigli ci saranno utili per migliorare il nostro servizio. Restiamo a Sua completa disposizione per ogni richiesta o informazione.

Il Direttore

Nel messaggio il Direttore

A   consiglia un nuovo servizio della Banca

B   risponde a una richiesta di un cliente

C   comunica una iniziativa della Banca

2   Per effettuare una chiamata l'apparecchio deve essere acceso e sbloccato.

Sono istruzioni per l'utilizzo di

A   un telefono cellulare

B   un computer portatile

C   un telefono pubblico

3   Organizzare un angolo verde non è sicuramente facile, perché dobbiamo tener conto di due diversi fattori: delle nostre necessità e di quelle delle piante. Il primo limite è sicuramente quello dello spazio; poi bisogna pensare a come mettere i vasi evitando le zone troppo in ombra o la luce diretta, che potrebbero danneggiare alcuni tipi di piante o di fiori.

Nel testo si parla di come

A	curare al meglio i vari tipi di piante e fiori
B	scegliere la posizione giusta per le piante
C	sistemare piante e fiori in un balcone

4   Il progetto Situ è nato per cercare di risolvere un grave problema del nostro centro storico. Oggi siamo quasi 200 mila ad "usare" la città per vari motivi: residenza, lavoro, studio. Inoltre i turisti presenti tutto l'anno amano i nostri luoghi d'arte e le tante occasioni di incontro. Per non parlare dei numerosi negozi pieni di clienti a tutte le ore del giorno e della sera. Tante sono, però, anche le difficoltà per spostarsi sia in automobile che in autobus, o per trovare un parcheggio. È per questo che abbiamo pensato di regolare il traffico e limitare gli orari di accesso al centro storico.

Il progetto Situ riguarda

A	le informazioni utili per i turisti
B	le regole per l'ingresso delle auto
C	l'orario di apertura dei negozi

5   Per una giusta dose giornaliera, sciogliere una bustina in un bicchiere d'acqua due volte al giorno. Mescolare bene con un cucchiaino fino al completo scioglimento del prodotto e bere subito. Non superare la quantità consigliata.

Sono istruzioni per

A	usare correttamente un medicinale
B	preparare al meglio una ricetta
C	adoperare un prodotto per la casa

6 Quale di queste opportunità offerte da un supermercato consiglierebbe ad una Sua amica che frequenta l'università e vorrebbe trovare un lavoro fisso, ma avere anche un po' di tempo disponibile per studiare? La Sua amica è seria e timida.

IL PROMOTORE	L'INVESTIGATORE	L'ADDETTO AI GIORNALI
Fa la pubblicità all'interno del supermercato: fa assaggiare i nuovi prodotti o regala qualche campione. Per essere assunti bisogna essere aperti e socievoli per attirare l'attenzione dei clienti. L'impegno è molto variabile: è possibile lavorare per dieci giorni, per poi stare fermi anche una settimana. Il supermercato chiama solo quando ha bisogno.	Gira con il carrello tra gli scaffali del supermercato, come un normale cliente e guarda con attenzione. Se vede qualcuno rubare, chiama il direttore. Per essere assunti, bisogna avere molto spirito di osservazione; non è importante l'età, ma il lavoro è pesante, anche perché si lavora per otto ore al giorno.	C'è una persona che nei supermercati arriva prima dell'apertura e si occupa dell'esposizione dei giornali e delle riviste. Chi fa questo mestiere dovrà alzarsi alle cinque del mattino per sei giorni la settimana. È un lavoro faticoso, ma ha i suoi vantaggi: lo stipendio è buono per una collaborazione di solo due o tre ore al giorno.

A il promotore

B l'investigatore

C l'addetto ai giornali

7 Gentili Clienti, dal prossimo mese con il Vostro telefono cellulare potrete inviare 20 messaggi gratis al giorno. Con soli 5 euro potete infatti acquistare la nostra scheda "Estate più vicini" e scegliere un numero al quale inviare gratis i Vostri messaggi. Parteciperete inoltre alla nostra inziativa "Manda un messaggio e vinci un viaggio". Per partecipare basta comprare la scheda e chiamare il nostro numero verde per attivare il servizio e comunicare il numero che avete scelto e... buona fortuna!

I clienti possono

A vincere un viaggio

B cambiare il numero

C telefonare gratis

A.2 Leggere il testo. Non tutte le affermazioni da 8 a 17 sono presenti nel testo.
Indicare nel Foglio delle Risposte, vicino al numero dell'affermazione,

Sì se è presente

No se non è presente

Esempio di risposta:

	A.2	
0	Sì	No

LA SMART: PICCOLA E COLORATA, UN FENOMENO ITALIANO

Questa piccola automobile piace quasi a tutti gli italiani: negli ultimi tre mesi nel nostro paese le vendite sono raddoppiate. E piace ai giovani: l'età media di chi la guida è di 36 anni. Le ragioni del successo in Italia? Sicuramente una perfetta campagna pubblicitaria che ha trasformato questa piccola automobile in un oggetto del desiderio, il modello più di moda in assoluto. Ma non è solo per questo. Piccola e pratica, è adatta soprattutto alla città, anche se non è raro vederla correre sulle autostrade. Nelle grandi città italiane, poi, la Smart rappresenta l'auto ideale. Infatti le strade spesso strette e la mancanza di parcheggi nei centri cittadini hanno favorito la vendita della mini-auto. Anche se il prezzo è sicuramente alto in confronto a quello delle altre automobili di piccole dimensioni. Ma la Smart è qualcosa di diverso dalle normali auto da città. E di unico. Fin dall'inizio ha sorpreso tutti per l'originalità e soprattutto per la varietà di colori. Ma nel resto del mondo la piccola automobile da città non ha questo successo e adesso ha qualche problema: le perdite sono arrivate a circa 2,5 miliardi di euro. Così la scorsa settimana si era addirittura pensato di interrompere la produzione.

8   Molti italiani hanno acquistato questa automobile

9   È stata creata per i giovani

10   Avere questa auto è diventata una moda

11   È pratica per muoversi nel centro delle città

12   Non ha bisogno di un garage

13   Altre automobili simili costano meno

14   È ideale per coppie e single

15   È possibile scegliere tra molti colori

16   In alcuni paesi è considerata troppo piccola

17   Da poco è uscito un nuovo modello

A.3 Completare le frasi da 18 a 22 con la parola opportuna tra le quattro proposte. Una sola è la scelta possibile. Indicare nel **Foglio delle Risposte**, vicino al numero della frase, la lettera A, B, C, o D corrispondente alla parola scelta.

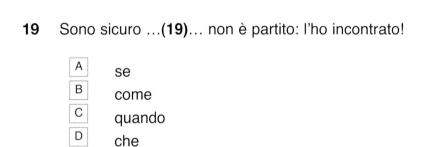

Esempio di risposta:

18 Non uscirò …(18)… non sarai tornato a casa.

    A   perché
    B   finché
    C   quando
    D   che

19 Sono sicuro …(19)… non è partito: l'ho incontrato!

    A   se
    B   come
    C   quando
    D   che

20 Ho capito che voleva parlarmi, …(20)… l'ho aspettato.

    A   infine
    B   quindi
    C   poiché
    D   perché

21 Ha studiato molto e ha frequentato sempre le lezioni, …(21)… ha superato l'esame.

    A   anche
    B   così
    C   appena
    D   mentre

22 Non abbiamo molta scelta: …(22)… non usciamo con loro, si offenderanno.

    A   se
    B   così
    C   come
    D   quando

A.4 Completare il testo. Scegliere la parola opportuna tra quelle proposte da 23 a 32. Indicare nel Foglio delle Risposte, vicino ad ogni numero, la lettera A, B o C corrispondente alla parola scelta.

Esempio di risposta:

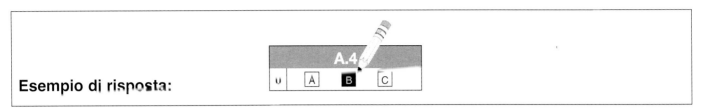

IL LUPO NELLE FAVOLE, CATTIVO DA 150 ANNI

C'era una volta una nonna, una mamma e una bambina che tutti chiamavano Cappuccetto Rosso, con il cestino delle provviste, la passeggiata nel bosco e l'incontro con il lupo cattivo. Infine è arrivato il cacciatore .....(23)..... ha aperto la pancia dell'animale e ha salvato nonna e nipotina. .....(24)..... fra le favole più amate in tutto il mondo. I fratelli Grimm l'hanno pubblicata, insieme ad altre, nel 1857 e anche nel Terzo Millennio i genitori la .....(25)..... ancora ai propri bambini. Di solito è la prima che si .....(26)..... a raccontare, verso i due anni, un po' perché è facile, un po' perché aiuta i genitori .....(27)..... spiegare ai piccoli che bisogna stare attenti sempre a .....(28)..... si incontra, perché non sempre le persone estranee sono buone. Più diventano grandi, ...(29)..... i bambini ascolteranno versioni sempre più ricche di particolari: il coltello per aprire la pancia al lupo, la nonnina che .....(30)..... riempie lo stomaco di sassi. In realtà questa storia è .....(31)..... più antica e in origine non finiva con la morte del lupo. I fratelli Grimm hanno .....(32)..... che il lupo doveva morire.

23	A	che	B	quando	C	dove
24	A	sta	B	ha	C	è
25	A	suonano	B	parlano	C	leggono
26	A	pensa	B	comincia	C	decide
27	A	a	B	per	C	di
28	A	quello	B	che	C	chi
29	A	allora	B	più	C	ancora
30	A	si	B	gli	C	ci
31	A	ancora	B	quando	C	sempre
32	A	fatto	B	cominciato	C	deciso

A.5 Completare le frasi da 33 a 37 con i pronomi opportuni.

Scrivere nel **Foglio delle Risposte** i pronomi vicino al numero della frase da 33 a 37.

Esempio di risposta:

A.5
0	*esempio* ▸

33   Ha conosciuto Giuseppe e Carlo e ....(33).... ha chiamati per invitare anche loro alla festa.

34   A Venezia? Dopo tanto tempo, finalmente ....(34).... sono andato.

35   L' automobile non l'ha comprata lei, ...(35).... hanno prestata!

36   Dieci copie? No, sono troppe! ....(36).... voglio due. Le altre prendile tu.

37   Ho lasciato il portafoglio sul tavolo e qualcuno ....(37).... ha preso.

PARTE B   PROVA DI PRODUZIONE DI TESTI SCRITTI

B.1 Rispondere al questionario. Scrivere nel **Foglio delle Risposte**, vicino al numero della domanda da 1 a 9.

Esempio di risposta:

B.1	
0	*esempio* ▶

PARLIAMO ITALIANO

Ha frequentato un corso di lingua in Italia e alla fine delle lezioni Le chiedono di rispondere alle seguenti domande per conoscere la Sua opinione.

1   **È la prima volta che viene in questa scuola?**

2   **Da chi ha saputo dei nostri corsi di lingua?**

3   **Per quanto tempo ha frequentato la scuola?**

4   **Cosa pensa dei nostri corsi?**

5   **Quali lezioni Le sono sembrate più interessanti?**

6   **Quali, invece, non Le sono piaciute?**

7   **Quali altri argomenti, secondo Lei, dovrebbero essere presentati in classe?**

8   **Cosa pensa dei nostri insegnanti?**

9   **Ha qualche consiglio da darci per migliorare?**

B.2 Scrivere un annuncio.

Scrivere nello spazio riservato a B.2 nel Foglio delle Risposte

(Usare circa 50 parole)

Ha deciso di affittare la Sua casa al mare per aumentare le Sue entrate. Scrive un annuncio sul giornale locale.

Nell'annuncio:
- descrive la casa e la posizione
- dà tutte le informazioni sulle condizioni di affitto (costo, periodo…)
- spiega come mettersi in contatto con Lei

Scrivere nel
Foglio delle Risposte

B.3 Scrivere una lettera.

Scrivere nello spazio riservato a B.3 nel Foglio delle Risposte

(Da un minimo di 90 ad un massimo di 100 parole)

È stato/a invitato/a a cena da una coppia di amici italiani conosciuti da poco e avete trascorso una piacevolissima serata. Il giorno dopo scrive una lettera ad un Suo caro amico che presto verrà a trovarLa.

Nella lettera
- racconta all'amico come ha conosciuto queste persone
- descrive la serata e quello che ha mangiato
- propone all'amico di organizzare una cena tutti insieme

Scrivere nel
Foglio delle Risposte

ALTE

Università Per Stranieri Di Perugia
Centro per la Valutazione e la Certificazione Linguistica

Livello B1 CELI 2

CERTIFICATO DI CONOSCENZA DELLA
LINGUA ITALIANA
Sessione di

PARTE C	Prova di Comprensione dell'Ascolto

(PUNTEGGIO DELLA PROVA: 40 PUNTI)

TEMPO: 20 MINUTI

ATTENZIONE: MOLTO IMPORTANTE

Seguire esattamente le istruzioni.
Scrivere in modo chiaro e leggibile con la matita
nel Foglio delle Risposte.

PARTE C   PROVA DI COMPRENSIONE DELL'ASCOLTO

C.1 Ascoltare i messaggi pubblicitari da 1 a 4.

Indicare nel **Foglio delle Risposte**, vicino al numero del messaggio, la lettera A, B o C corrispondente alla risposta scelta.

Ascolterete i testi due volte.

Esempio di risposta:

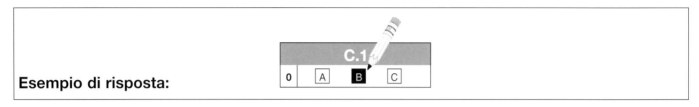

 Traccia 17/18

1   È la pubblicità di

A   caramelle
B   un tipo di zucchero
C   prodotti dietetici

2   Qual è la caratteristica del prodotto "Passa e vai"?

A   Pulisce a fondo
B   Elimina la polvere
C   Lucida i pavimenti

3   Nel messaggio

A   cercano insegnanti per una scuola
B   offrono un lavoro interessante
C   propongono un corso di recupero

4   Nel messaggio l'Hotel Terme Preistoriche

A   indica come raggiungere l'hotel
B   presenta una nuova iniziativa
C   propone una vacanza sportiva

C.2 Ascoltare i messaggi di segreterie telefoniche da 5 a 8.
Indicare nel **Foglio delle Risposte**, la lettera A, B o C corrispondente alla risposta scelta.
Ascolterete i testi due volte.

Esempio di risposta: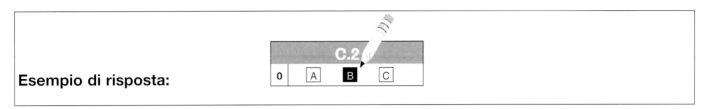

Traccia 19

5 L'uomo deve rinviare

     A   un viaggio

     B   una cena

     C   un appuntamento

6 Paola chiede all'amica di

     A   prestarle la stampante

     B   stampare il suo lavoro

     C   usare la stampante dell'ufficio

7 L'uomo chiede a Marta di

     A   restituirgli le foto delle vacanze

     B   portare le foto a Giorgio

     C   cercare le foto nella sua borsa

8 Anna

     A   si è appena laureata

     B   aspetta un bambino

     C   ha compiuto 21 anni

C.3 Ascoltare i due testi.

1° testo

Il testo è un'intervista ad un attore diventato popolare grazie ad uno spettacolo teatrale. Non tutte le affermazioni da 9 a 23 sono presenti nel testo. Indicare nel **Foglio delle Risposte**, vicino al numero dell'affermazione,

Sì se è presente

No se non è presente.
Ascolterete il testo una sola volta.

Esempio di risposta:

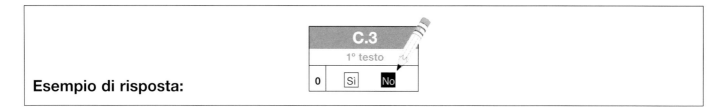

🔘 Traccia 20

9   Forse è nato un divo

10   Essere un bel ragazzo mi ha aiutato

11   Il teatro è tutta la mia vita

12   In Tv ci vado volentieri

13   La proposta non mi è piaciuta

14   Non mi interessa diventare famoso

15   Credo nella disciplina

16   Vorrei continuare a studiare

17   È una bella responsabilità

18   Ho capito che i veri grandi sono semplici

19   Faccio sport tutti i giorni

20   La mia vita è cambiata completamente

21   Mi sto abituando alla situazione

22   Mi piace rimanere in camerino

23   Convivo felicemente con la mia donna ideale

C.3

2° testo

Il testo parla di un sogno diventato realtà. Non tutte le affermazioni da 24 a 33 sono presenti nel testo.

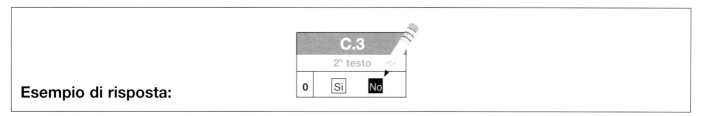

LE AFFERMAZIONI RIPORTANO IL CONTENUTO DEL TESTO SENZA RIPETERE NECESSARIAMENTE LE STESSE PAROLE.

Indicare nel **Foglio delle Risposte**, vicino al numero dell'affermazione,

Sì se è presente

No se non è presente.

Ascolterete il testo due volte.

Esempio di risposta:	**C.3** 2° testo 0 Sì No

🎧 Traccia 21

24   Loredana ha iniziato a recitare a scuola

25   Sa suonare il violino

26   Il padre non è contento della sua passione

27   Loredana è la protagonista di un film

28   Ha chiesto aiuto al regista per realizzare il suo sogno

29   Il suo sogno è diventare una ballerina

30   Da piccola ha seguito una scuola di danza

31   Balla in uno spettacolo

32   È stata notata da una famosa ballerina

33   Frequenterà una scuola di danza

Tiziana Melani

Fogli delle Risposte

4°

UNIVERSITA PER STRANIERI DI PERUGIA
CENTRO PER LA VALUTAZIONE E LA CERTIFICAZIONE LINGUISTICA
Livello B1 **CELI2**
Foglio delle Risposte

A L T E

**1°
Fascicolo**

Cognome

Nome

Firma del candidato (leggibile)

Istruzioni per le sezioni   `A.1`   `A.2`   `A.3`   `A.4`   `C.1`   `C.2`   `C.3`

Indicare una sola risposta.

Usare la matita per indicare la risposta scelta.
Annerire completamente la casella corrispondente, così:

| 0 | A | **B** |

Usare la gomma per cancellare
solo in casi eccezionali.

| 0 | A | **B** |

Istruzioni per la sezione   `A.5`   `B.1`

Usare la matita.
Scrivere la risposta in maniera chiara e
leggibile nello spazio vicino al numero, così:

| 0 | *esempio* |

Usare la gomma per cancellare
solo in casi eccezionali.

| 0 | *esem* |

Istruzioni per le sezioni   `B.2`   `B.3`

Usare la matita.
Scrivere in maniera chiara e
leggibile nello spazio a disposizione.

esempio

Usare la gomma per cancellare
solo in casi eccezionali.

esem

PARTE A   Prova di Comprensione della Lettura

Risposte

A.1			
1	A	B	C
2	A	B	C
3	A	B	C
4	A	B	C
5	A	B	C
6	A	B	C
7	A	B	C

A.2	
8	Sì	No
9	Sì	No
10	Sì	No
11	Sì	No
12	Sì	No
13	Sì	No
14	Sì	No
15	Sì	No
16	Sì	No
17	Sì	No

A.3			
18	A	B	C	D
19	A	B	C	D
20	A	B	C	D
21	A	B	C	D
22	A	B	C	D

A.4			
23	A	B	C
24	A	B	C
25	A	B	C
26	A	B	C
27	A	B	C
28	A	B	C
29	A	B	C
30	A	B	C
31	A	B	C
32	A	B	C

A.5	Non scrivere qui	
33		
34		
35		
36		
37		

Girare il foglio ➡

UNIVERSITA PER STRANIERI DI PERUGIA

CENTRO PER LA VALUTAZIONE E LA CERTIFICAZIONE LINGUISTICA

Livello B1 **CELI2**

Foglio delle Risposte

A L T E

**1°
Fascicolo**

PARTE B	Prova di Produzione di Testi Scritti

Risposte

B.1

1

2

3

4

5

6

7

8

9

B.2

Facsimile

Non scrivere sotto questa linea

B.1

0	1	2	3	4	5

B.2

0	1	2	3	4	5	6	7
8	9	10	11	12	13	14	15

UNIVERSITA PER STRANIERI DI PERUGIA
CENTRO PER LA VALUTAZIONE E LA CERTIFICAZIONE LINGUISTICA
Livello B1 **CELI2**
Foglio delle Risposte

A L T E

**1°
Fascicolo**

Cognome

Nome

Firma del candidato (leggibile)

| **PARTE B** | **Prova di Produzione di Testi Scritti** |

Risposte

B.3

Girare il foglio →

Non scrivere sotto questa linea

B.3

| 0 | 1 | 2 | 3 | 4 | 5 | 6 | 7 | 8 | 9 | 10 | 11 | 12 | 13 | 14 | 15 | 16 | 17 | 18 | 19 | 20 |

UNIVERSITA PER STRANIERI DI PERUGIA
CENTRO PER LA VALUTAZIONE E LA CERTIFICAZIONE LINGUISTICA
Livello B1 **CELI2**
Foglio delle Risposte

A L T E

2°
Fascicolo

PARTE C	Prova di Comprensione dell'Ascolto

Risposte

C.1

1	A	B	C
2	A	B	C
3	A	B	C
4	A	B	C

C.2

5	A	B	C
6	A	B	C
7	A	B	C
8	A	B	C

C.3
1° Testo

9	Sì	No
10	Sì	No
11	Sì	No
12	Sì	No
13	Sì	No
14	Sì	No
15	Sì	No
16	Sì	No
17	Sì	No
18	Sì	No
19	Sì	No
20	Sì	No
21	Sì	No
22	Sì	No
23	Sì	No

C.3
2° Testo

24	Sì	No
25	Sì	No
26	Sì	No
27	Sì	No
28	Sì	No
29	Sì	No
30	Sì	No
31	Sì	No
32	Sì	No
33	Sì	No

Facsimile

Tiziana Melani

Prova di
Produzione Orale

- Foto da descrivere
- Foto per il compito comunicativo

4°

FOTO DA DESCRIVERE

FOTO PER IL COMPITO COMUNICATIVO

Lei ha un appuntamento di lavoro ma non sa dove si trova esattamente il luogo che deve raggiungere. Telefona allora alla persona che deve incontrare e chiede tutte le informazioni necessarie per arrivare.

Tiziana Melani

Chiavi e trascrizione dei testi registrati

4°

CHIAVI

A1	1.C	2.A	3.B	4.B	5.A	6.C	7.A

A.2	SÌ:	8	10	11	13	15
	NO:	9	12	14	16	17

A.3	18.B	19.D	20.B	21.B	22.A

A.4	23.A	24.C	25.C	26.B	27.A
	28.C	29.B	30.B	31.A	32.C

A.5	33. li	34. ci	35. gliela	36. ne	37. (me) lo

C.1	1.C	2.B	3.C	4.B

C.2	5.B	6.A	7.C	8.B

C.3	1° TESTO	SÌ:	9	10	13	15	17	18	21	23
		NO:	11	12	14	16	19	20	22	
	2°TESTO	SÌ:	25	27	29	32	33			
		NO:	24	26	28	30	31			

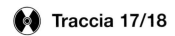 **Traccia 17/18**

TRASCRIZIONE DEI TESTI REGISTRATI PER LA PROVA
DI COMPRENSIONE DELL'ASCOLTO

M = VOCE MASCHILE   F = VOCE FEMMINILE

M   Quarta Unità di esercitazione per il conseguimento del CELI 2   Certificato di conoscenza
della lingua italiana – Livello 2
Prova di Comprensione dell'Ascolto

Il candidato ha un minuto di tempo a sua disposizione per scorrere brevemente i test
proposti nel fascicolo

Inizio della prova

C.1

Ascolterete ora dei messaggi pubblicitari.
Ascoltate attentamente e svolgete l'attività indicata nel foglio.
I messaggi vanno ascoltati due volte.

F   1)   Vuoi stare in forma ma non ti piace fare la dieta? Scegli gli alimenti senza zucchero "Linea
Snella". Più leggerezza e più benessere con ingredienti scelti con cura e cibi leggeri, ma
senza rinunciare al gusto.

M   2)   In un gesto la tua casa splende e addio polvere! "Passa e vai", la grande linea di pulitori
che tolgono la polvere senza disperderla nell'aria, puliscono e rendono brillante ogni super-
ficie. "Passa e vai" è solo una delle tante sorprese della nostra grande linea, pensata per
rendere ancora più bella la tua casa.

F   3)   Non hai terminato gli studi e ti manca il diploma? Allora non perdere questa occasione: i
nostri insegnanti aspettano proprio te! Con i nostri corsi intensivi puoi recuperare gli anni
di scuola perduti, prendere un diploma e trovare finalmente il lavoro dei tuoi sogni!

M   4)   Hotel Terme Preistoriche, a 30 minuti di treno da Venezia, dove salute e relax si uniscono
ai piaceri della vita. Con il nuovo programma "Rimessa in forma" 6 giorni di pensione completa con programma personalizzato, visita medica, bagni termali, massaggi, ginnastica,
sauna e piscina. Il tuo corpo ti ringrazierà.

 **Traccia 19**

F **C.2**

Ascolterete ora alcuni messaggi di segreterie telefoniche. Ascoltate attentamente e svolgete l'attività indicata nel foglio.
I messaggi vanno ascoltati due volte.

M 5) Ciao, sono io. Brutte notizie: dobbiamo rimandare tutto; il locale non è più disponibile per domani e dovremo cambiare anche il menu. Michele è in viaggio e non mi ha ancora chiamato. Puoi telefonargli tu per avvisarlo? Io ho un appuntamento fra mezz'ora. Ti richiamo più tardi. Ciao.

F 6) Ciao, sono Paola. Ho un grosso problema ma forse tu puoi aiutarmi. Domani mattina devo consegnare un lavoro molto importante e la mia stampante si è bloccata. Puoi darmi la tua, quella piccola? Sono andata anche in ufficio, ma non sono riuscita a fare niente. Ti prego, chiamami appena puoi.

M 7) Marta, sono io. Non riesco più a trovare le foto delle vacanze, quelle che ieri sera abbiamo guardato insieme. Ti ricordi dove le ho messe? Quando è arrivato Giorgio, anche lui le ha volute vedere. Forse le ha portate via! Intanto puoi controllare se sono nella tua borsa? Se le trovi, chiamami. Ciao.

F 8) Ciao Anna, sono la tua sorellina e futura zia. Sono ancora all'università, ma ho saputo la bella notizia e ho voluto chiamarti. Sono felicissima per te e per me: a 21 anni finalmente diventerò zia! Adesso dovremo festeggiare e poi pensare all'arredamento della cameretta: non vedo l'ora! Appena torno vengo a trovarti. Ciao e auguroni.

 **Traccia 20**

M C.3

1° testo

Ascolterete ora un'intervista ad un attore teatrale. Durante l' ascolto svolgete l'attività indicata nel foglio.
Il testo va ascoltato una sola volta.

F **Riempie i teatri, blocca le strade: <u>forse è nato un divo</u>. Allora, ha così tante ammiratrici solo perché è bello?**

M Spero di no! Io ho un corpo, ma non sono solo un corpo. Di sicuro <u>essere un bel ragazzo mi ha aiutato</u>, ma non è solo per quello.

F **Perché il teatro e non la Tv?**

M Il teatro permette di interagire con il pubblico, di sentire le emozioni degli spettatori. In Tv ci vado solo per occasioni di qualità.

F **Ma ha già ricevuto proposte televisive?**

M Certo. Ma non mi interessa anche se mi aiuterebbe a diventare più famoso.

F **Un esempio di offerta rifiutata?**

M Un reality show. Avrei dovuto rappresentare il teatro italiano, ma <u>la proposta non mi è piaciuta</u>. Detesto chi vuole abbassare il livello culturale della gente.

F **Allora Lei è un intellettuale?**

M No, sono uno semplice, ma <u>credo nella disciplina</u>. Un attore con talento rimane poca cosa se non studia. Noi attori abbiamo il compito di rendere il mondo più bello e far sognare il pubblico: <u>è una bella responsabilità!</u>

F **In Tv quando La vedremo?**

M In autunno con una serie poliziesca che ho girato la scorsa estate con Diego Martini. Nelle pause passavo il mio tempo con lui, la moglie e i figli, e <u>ho capito che i veri grandi sono semplici</u>.

F **Lei è uno sportivo?**

M Faccio sport solo per stare bene. Mi piace rilassarmi con il pugilato.

F **Come vive tutto questo successo?**

M All'inizio ero davvero sorpreso, qualche volta dovevo chiudermi in camerino. Ora <u>mi sto abituando alla situazione</u>, ma ci sono sempre casi particolari. C'è una ragazza giapponese che mi segue sempre, ma parla solo la sua lingua e non riesco a capirla…

F **Ancora una domanda: ma Lei è fidanzato o no?**

M Diciamo che da un paio d'anni non sono più un playboy e <u>convivo felicemente con la mia donna ideale</u>. L'ho conosciuta mentre interpretavo a teatro Renzo Tramaglino nei "Promessi Sposi"…

 **Traccia 21**

F 2° testo

Ascolterete ora un testo che parla di un sogno diventato realtà. Ascoltate attentamente e svolgete l'attività indicata nel foglio.
Il testo va ascoltato due volte.

M Loredana è una ragazza rom di un campo nomadi di Milano e la sua storia è quella di un sogno realizzato. Ed è vera. Loredana ha 12 anni e frequenta le scuole medie. Il pomeriggio suona il violino sul metrò, linea rossa, insieme al fratello e al padre, che le ha insegnato ad amare la musica. Il primo incontro fortunato è stato quello con il regista Claudio Bernieri, che l'ha scelta come protagonista del suo film "Miracolo a Milano 2". Loredana interpreta se stessa. Tutti i giorni suona nella metropolitana "'O mia bela Madonina" e alla Madonnina chiede di farla diventare famosa. Nel film il suo desiderio si avvera.
Nella vita reale Loredana vuole fare la ballerina. Come tutte le ragazze del suo popolo si muove con grazia. È cresciuta ascoltando i ritmi zingari, un po' mediterranei e un po' orientali. Qualche sera fa il secondo incontro fortunato con Franca Cannavò, insegnante di danza e famosa ex-ballerina della Scala. La donna ha visto ballare Loredana, le è piaciuta subito e ha deciso di regalarle un corso di flamenco che inizierà a settembre. La prima del suo film è questa sera, ma il "Miracolo a Milano" per Loredana c'è già stato.

F   **FINE DELLA PROVA**

Materiale integrativo
per la Prova di Produzione Orale

- **Foto da descrivere**
- **Foto per il compito comunicativo**

FOTO DA DESCRIVERE

FOTO DA DESCRIVERE

FOTO DA DESCRIVERE

FOTO DA DESCRIVERE

FOTO PER IL COMPITO COMUNICATIVO

Passando davanti a un cinema, Lei ha visto che c'è in programmazione un film che Le piacerebbe vedere. Telefona ad un amico/un'amica per invitarlo/la e per organizzare la serata anche con altre persone.

FOTO PER IL COMPITO COMUNICATIVO

Il mese scorso Lei ha prenotato un soggiorno in un albergo sul lago di Como per Lei e la Sua famiglia. All'ultimo momento un Suo familiare non può più partire. Lei chiama l'albergo, conferma il Suo arrivo e annulla la prenotazione per la camera della persona che non può andare, spiegando i motivi della rinuncia.

FOTO PER IL COMPITO COMUNICATIVO

Lei ha appena preso il diploma di laurea. Ha deciso di organizzare una festa e vuole invitare anche il Suo professore. Lo chiama e gli comunica il giorno, l'ora e il luogo della festa. Siccome il professore non ha la macchina, Lei si offre di andarlo a prendere e di riaccompagnarlo poi a casa.

FOTO PER IL COMPITO COMUNICATIVO

Ieri sera Lei non si è sentito/a bene e anche oggi non è in forma. Decide allora di andare dal medico al quale descrive i sintomi che ha avuto e che ancora ha, racconta cosa ha mangiato e cosa ha fatto la sera prima e chiede dei consigli per risolvere il Suo problema.

BIBLIOGRAFIA

AA. VV., 1998: <u>The ALTE Handbook</u>, University of Cambridge, Local Examination Syndacate.

Alderson J.C., Claphman C., Wall D.,1996: <u>Language test, construction and evaluation</u>, Cambridge, Cambridge University Press.

Bachman, L. 1990: <u>Fundamental considerations in language testing</u>, Oxford, Oxford University Press.

Consiglio d'Europa, 2002: <u>Quadro comune europeo di riferimento per le lingue: apprendimento, insegnamento, valutazione</u>, Milano, La Nuova Italia-Oxford, Consiglio d'Europa.

Corda Costa, M., Visalberghi, A. 1995: <u>Misurare e valutare le competenze linguistiche</u>, Firenze, La Nuova Italia.

Council of Europe, 1996: <u>Common European Framework of Reference for Languages: Learning, Teaching, Assessment</u>, Strasbourg, Council of Europe.

Davies, A. 1990: "Principles of language testing", in Crystal D. and Johnson K., <u>Applied language studies</u>, Oxford, Basil Blackwell.

De Mauro T., 1980 (prima edizione): <u>Guida all'uso delle parole</u>, Roma, Editori Riuniti.

Grego Bolli, G., Spiti, M.G. 2004: <u>La verifica delle competenze linguistiche – Misurare e valutare nella certificazione CELI</u>, Perugia, Edizioni Guerra.

Grego Bolli, G., Spiti, M.G. 1993: <u>Verifica del grado di conoscenza dell'italiano in una prospettiva di certificazione. Riflessioni, proposte, esperienze, progetti</u>, Perugia, Edizioni Guerra.

Grego Bolli, G., Spiti, M.G. 1993: <u>Verifica del grado di conoscenza dell'italiano in una prospettiva di certificazione. Breve guida alle prove d'esame</u>, Perugia, Edizioni Guerra.

Heaton, J.B. 1991: <u>Writing English language tests</u>, London, Longman.

Hughes, A. 1989: <u>Testing for language teachers</u>, Cambridge, Cambridge University Press.

Van Ek, J.A. & Trim, J.L.M., 1990, <u>Threshold Level</u>, Strasbourg: Council of Europe.

Weir, C.J. 1993: <u>Understanding and developing language tests</u>, London, Prentice hall International.

GUIDA AL CD AUDIO

PROVA DI COMPRENSIONE DELL'ASCOLTO (PARTE C)

Intestazione		Traccia 1	(0' 49")
Prima unità di esercitazione			
C.1		Traccia 2/3	(1' 26" / 2' 21")
C.2		Traccia 4	(2' 36")
C.3	1° Testo	Traccia 5	(2' 56")
	2° Testo	Traccia 6	(3' 35")
Seconda unità di esercitazione			
C.1		Traccia 7/8	(1' 30" / 2' 13")
C.2		Traccia 9	(2' 37")
C.3	1° Testo	Traccia 10	(3' 21")
	2° Testo	Traccia 11	(3' 33")
Terza unità di esercitazione			
C.1		Traccia 12/13	(1' 28" / 2' 07")
C.2		Traccia 14	(2' 33")
C.3	1° Testo	Traccia 15	(2' 24")
	2° Testo	Traccia 16	(3' 04")
Quarta unità di esercitazione			
C.1		Traccia 17/18	(1' 28" / 2' 17")
C.2		Traccia 19	(2' 27")
C.3	1° Testo	Traccia 20	(2' 59")
	2° Testo	Traccia 21	(2' 57")

Durata: 50' 33"

Le voci: Manuela Faraglia
Nando Tucci
Maria Rosaria Tucci

Post-produzione: Djnews

Finito di stampare nel mese di ottobre 2008
da Grafiche CMF - Foligno (PG)
per conto di Guerra Edizioni - Guru s.r.l.